U0502126

AI新基建

数智化浪潮下的
商业变革与产业机遇

梁洪波 王雷 杨爱喜 —— 著

中国友谊出版公司

图书在版编目（CIP）数据

AI新基建：数智化浪潮下的商业变革与产业机遇 / 梁洪波，王雷，杨爱喜著. -- 北京：中国友谊出版公司，2021.5

ISBN 978-7-5057-5197-2

Ⅰ．①A⋯ Ⅱ．①梁⋯ ②王⋯ ③杨⋯ Ⅲ．①信息经济－基础设施建设－研究－中国 Ⅳ．①F492.3

中国版本图书馆CIP数据核字(2021)第063132号

书名	**AI新基建：数智化浪潮下的商业变革与产业机遇**
作者	梁洪波　王雷　杨爱喜
出版	中国友谊出版公司
策划	杭州蓝狮子文化创意股份有限公司
发行	杭州飞阅图书有限公司
经销	新华书店
制版	杭州真凯文化艺术有限公司
印刷	浙江新华数码印务有限公司
规格	710×1000毫米　16开
	17印张　206千字
版次	2021年5月第1版
印次	2021年5月第1次印刷
书号	ISBN 978-7-5057-5197-2
定价	62.00元
地址	北京市朝阳区西坝河南里17号楼
邮编	100028
电话	（010）64678009

目录

1

第二部分　技术爆炸

前言

　　2020年3月4日，中共中央政治局常务委员会召开会议，强调"加快5G网络、数据中心等新型基础设施建设（以下简称'新基建'）进度"；4月，国家发改委明确"新基建"的范围，包括信息基础设施、融合基础设施、创新基础设施。一时间，"新基建"受到了广泛关注。同时，以"新基建"为基础，线上交易、线上办公、在线教育等数字经济也得到了快速发展，各行各业开始加速数字化转型。

　　实质上，企业的数字化转型是在新的经济形势下所做出的重要战略选择。2020年1月，新冠肺炎疫情突然暴发。为了防止疫情扩散，政府出台了一系列禁令，城市、乡镇、社区执行最严格的封闭措施，学生不得复课，企业不能复工，医院由于收治新冠肺炎患者停止对外开放，除超市、便利店之外的门店全部关闭。在这种情况下，人们对在线办公、在线医疗、在线教育、在线购物等各类线上服务的需求暴涨。

另外，近年来，我国一直处在新旧动能转换过程中，新冠肺炎疫情加速了新旧动能的转换。为了适应这种经济发展趋势，政府必须引导企业进行数字化升级，加速数字经济发展。在推进新基建、数字经济发展的过程中，人工智能发挥着极其重要的作用。我国人工智能技术作为新一代信息技术的重要一支，经过多年探索与实践，实现了良性发展。企业创新活动日渐活跃，产业规模不断壮大，人工智能与产业的融合持续深入。在此形势下，人工智能对新兴产业表现出强大的赋能力，吸引微软、亚马逊、阿里、腾讯、百度等企业相继布局。

近几年，AI已经走出技术爆发期，进入落地应用、创造价值的新阶段。在疫情期间，从疾病救治到全民防控，再到疫情得到控制后的经济复苏，以"新基建"为支点，数字科技展现出了强大的抵御风险的能力。在经济发展方面，AI驱动的新基建已经成为经济发展的新动能，从社会治理到商业化落地取得了一系列成就。

《AI新基建：数智化浪潮下的商业变革与产业机遇》一书立足于AI与新基建的融合，从数字基建、技术爆炸、智能时代、数字治理、商业落地五个层面进行了全面且深入的剖析。从整体来看，AI对新基建的赋能主要体现在三个层面：在产业转型方面，本书对AI赋能传统产业数字化转型、驱动企业营销战略变革、促使企业完成数字化改造与升级的路径及方案进行了深入探究；在产业融合方面，本书对AI与5G、物联网、大数据、边缘计算等技术的融合路径，AI与教育、医疗、金融、家居等行业的融合策略进行了深度剖析；在落地应用方面，本书以数字政务、数字城市、数字防疫三大应用为典型，对AI在新基建中的应用进行实证探究。本书结构严谨、内容丰富、语言通俗易懂，不仅适合业内研究者、企业管理者、投资者、相关专业的学生阅读，还可以作为一本有趣的读物，供对AI、新基建、数字经济感兴趣之人翻阅。

本书导读：

第一部分数字基建。

与传统基建不同，新基建更注重数字化与智能化。在新基建推进过程中，数字基建将占据主导地位。本部分内容从新基建的概念、产业链、战略布局等基本内容切入，对AI赋能下的数字基建以及传统产业的数字化转型进行深入探讨，对百度、华为、腾讯、阿里巴巴四大行业巨头在AI新基建领域的布局进行重点剖析，带领读者从宏观角度认识AI新基建，对AI新基建形成初步认知。

第二部分技术爆炸。

AI赋能下的新基建离不开人工智能、大数据、边缘计算等新兴技术的支持。本部分对AI产业链的底层架构进行拆解，对基础层、技术层、应用层所包含的技术与应用进行全面解析，对计算机视觉、机器学习、语音识别、自然语言处理、智能机器人等技术在AI新基建落地中的应用，以及AI与物联网、大数据、边缘技术、5G等新兴技术的融合进行深入探究，让读者对AI新基建的底层技术支持有更全面的了解。

第三部分智能时代。

AI新基建的落地涉及人们生活的方方面面，本部分结合实际应用与案例对AI赋能医疗、金融、家居等行业的模式与路径，以及这些行业未来的发展趋向进行深入研究，展示了一系列最新成果与应用，包括智慧教育2.0、智慧校园建设、AI医疗、康策Kmy智能语音导诊机器、西南医院的语音数据库建设、远程金融、真正实现互联互通的智能家居等，为读者展现了一幅AI新基建下社会生活的新图景。

第四部分数字治理。

除社会生活、商业应用外，AI新基建还将赋能社会治理，推动数字政务、数字城市建设。借助AI新技术与新应用，政府将创新社会治理模式，精准施策，进一步加快智慧城市、智慧酒店、智慧交通、智慧物流、智慧安防等建设。除此之外，在疫情期间，AI技术与应用在疫情防控方面发挥了重要作用。除数字政务、数字城市外，本部分还基于图像识别技术、大数据、AI视频等对AI技术在疫情防控中的应用进行了全面探究。

第五部分商业落地。

AI新基建想要真正发挥出对经济发展的推动作用，必须实现商业化落地。本部分从AI新基建商业化落地的模式与场景，AI驱动企业数字化转型的路径，包括管理变革、智能客服、人力资源价值的重构等，AI对传统营销模式的颠覆以及对购物体验的创新等方面做出立体化剖析，为企业借AI实现商业价值，进行数字化改革探明了方向。

第一部分　数字基建

第1章　新基建：重塑数字经济发展新范式

新基建的概念内涵与战略意义

2020年4月20日，国家发改委在例行新闻发布会上提出："新型基础设施是以新发展理念为引领，以技术创新为驱动，以信息网络为基础，面向高质量发展需要，提供数字转型、智能升级、融合创新等服务的基础设施体系。"近年来，尤其是2020年，我国政府高度重视新型基础设施建设。党中央、国务院多次下达发展要求，要推进5G、物联网、数据中心、人工智能、工业互联网等重点领域的建设，完善对这些重点领域的布局，打造结构优化、集约高效、经济适用、智能绿色、安全可靠的现代化基础设施体系。

"新基建"是我国经济社会高质量发展的基础，因此，我国要加快推进新型基础设施建设，努力夯实这一底层基础，为经济社会的高质量发展保驾护航。加快推进新型基础设施建设具有多重意义：一方面能够极大地激发"十四五"产业发展新动能，另一方面也能够大大促进传统产业的转型升级和提质增效；一方面有利于构建现代化社会治理体系，另一方面有利于实现"两个强国"战略目标。

◆ "新基建"概念提出

2018年年末，中央经济工作会议提出"加快5G商用步伐，加强人工智能、工业互联网、物联网等新型基础设施建设"的发展目标。"新基建"的概念由此诞生，之后被列入到了2019年的政府报告之中。

2020年既是全面建成小康社会的目标年，也是完成"十三五"规划的收官年。然而，正是这一年，中国经济在迎来经济结构转型之际，却遭受到新冠肺炎疫情的巨大冲击。在新的形势下，我国政府及相关部门在多次会议中频频提及"新基建"的概念，并将其视作一种重要的逆周期调节手段。

2018年12月19日，中央经济工作会议明确提出：要发挥投资关键作用，加大制造业技术改造和设备更新，加快5G商用步伐，加强人工智能、工业互联网、物联网等新型基础设施建设。

2019年3月3日，"两会"明确提出：强化逆周期调节，除了传统基建以外，以5G、人工智能和工业互联网、物联网为代表的新型基建将承担更为重要的角色。

2019年3月5日，政府工作报告强调，要加大城际交通、物流、市政、灾害防治、民用和通用航空等基础设施投资力度，加强新一代信息基础设施建设。

2019年7月30日，中央政治局会议提出：稳定制造业投资，实施城镇老旧小区改造、城市停车场、城乡冷链物流设施建设等补短板工程，加快推进信息网络等新型基础设施建设。

2020年1月3日，国务院常务会议提出：大力发展先进制造业，出台信息网络等新型基础设施投资支持政策，推进智能、绿色制造。

2020年2月14日，中央全面深化改革委员会第十二次会议明确表示，基础设施是经济社会发展的重要支撑，要以整体优化、协同融合为导向，统筹存量和增量、传统和新型基础设施发展，打造集约高效、经济适用、智能绿色、安全可靠的现代化基础设施体系。

2020年3月4日，中央政治局会议提出要加快5G网络、数据中心等新型基础设施建设进度。

2020年4月20日，国家发改委首次就"新基建"概念和内涵做出正式的解释，明确了"新基建"主要包括信息基础设施、融合基础设施及创新基础设施等三大领域，将卫星互联网作为信息基础设施纳入其中。

党的十八大以来，我国加大了对新型基础设施的投入建设，并取得了明显的成效。随着新型基础设施建设的持续推进，其对经济社会高质量发展的支撑作用也在不断释放。

比如信息基础设施层面，根据国家发改委2020年4月份例行新闻发布会的信息，高速光纤在我国几乎实现了全面覆盖，我国的所有城市、乡镇都基本建成了高速光纤基础设施，99%以上的行政村都能享受到高速光纤带来的网络服务，我国的4G网络用户已经超过12亿；融合基础设施层面，我国在智慧城市建设路径清晰，致力于通过新一代信息技术推动城市向智能化、数字化转型升级，实现精细化管理；而创新基础设施层面，截至2020年4月，国家发改委已经对55个国家重大科技基础设施进行布局建设，不仅在科技创新领域起到了引领作用，也带动了社会经济的进一步增长。

◆新基建的三大领域

我国要想推动新型基础设施建设，就必须坚持新型发展理念，将信息网络作为基础，利用技术创新提供驱动力，打造数字化、智能化、融合化的服务型基础设施体系。总体来看，新型基础设施主要包括三种类型的基础设施，分别是信息基础设施、融合基础设施、创新基础设施。

● 信息基础设施：这类基础设施是以新一代信息技术为基础生成的基础设施，包括通信网络基础设施、新技术基础设施、算力基础设施等。其中，通信网络基础设施的代表有5G、物联网、工业互联网、卫星互联网等基础设施，新技术基础设施的代表有人工智能、云计算、区块链等基础设施，算力基础设施的代表有数据中心、智能计算中心等基础设施。

● 融合基础设施：这类基础设施是传统基础设施与互联网、大数据、云计算、人工智能等技术结合的产物，是利用新技术改造传统基础设施，使其不断吸收和融合各类新技术要素，不断向数字化、智能化转型升级，并最终形成的基础设施，比如智能交通基础设施、智慧能源基础设施等。

● 创新基础设施：这类基础设施是一类具有公益属性的基础设施，可用于支撑科学研究、技术开发和产品研制等，比如重大科技基础设施、科教基础设施、产业技术创新基础设施等。

◆新基建与传统基建

与铁路、公路、机场等传统基础设施相比，"新基建"更加重视新一代信息技术在基础设施中的应用，也更加重视技术创新在经济社会基础层面产生的融合渗透、广泛带动和效率倍增三大效应。相比传统基建，新基建的优势主要体现在三方面：

● 产业赋能。新基建的赋能对象是产业，它能借助计算技术、数据技术、通信网络技术的升级催生出各种新业态、新模式和新应用场景，如"互联网+""AI+""区块链+"等。在后疫情时代，新基建能够为我国拉动内需市场，培育更多的产业新增长点，同时也能为传统产业向数字化、网络化、智能化的转型升级提供有力支撑。

● 民生提"智"。新基建能全面融入民生领域，实现智能化的医疗、养老、教育、文旅和出行等，既能够为民众提供更加便捷、高效和智能的服务，又能够满足个性化的信息消费需求。

● 治理增效。新型基础设施借助大数据、云计算、人工智能等技术的融合应用，可以帮助政府增强社会服务能力和治理水平，比如提高政府对城市的管理水平，促使政府更加精准地实施政策，提高政府的社会监管能力等。同时，它还能推动经济社会各要素（包括信息流、人才流、技术流、资金流、物资流等）的高效流转，加速构建现代化的治理体系。

◆ 新基建的战略意义

加快推进新型基础设施建设具有以下三方面的意义：

（1）支撑"两个强国"建设

新基建的推进可以支撑"两个强国"建设。其中，大力推进5G、工业互联网、物联网等新型基础设施建设可以提供高速、泛在的连接网络，有助于数据生产要素的互通互联。人工智能平台、大数据中心等新型基础设施是良好的数据载体，拥有强大的算力机制，可以促进我国制造业的转型升级。要想打造安全、可控的基础网络体系，就要以新基建为立足点，不断提高对关键技术与核心产品的自主开发能力，弥补信息技术产业的"短板"，锻造传统产业"新长板"。

（2）助力数字经济发展

新基建的落地促进信息技术在市场中的应用，一方面能推动产业的数字化、智能化转型升级，有助于形成数字产业链和产业集群，另一方面还能催生出众多的新模式、新业态和新产业。新基建能利用数字技术全面推动传统产业的改造和升级，实现经济的高质、高速发展。

（3）加速构建智慧社会

新基建能促进社会治理方式的创新，如促进政府服务、公共安全、应急保障、市场监管、环境监管等多个领域的创新，且有助于形成精准化社会治理体系。新基建是形成智能化公共系统的基础，只有在新基建的基础上，我们才能打造智慧交通、智慧教育、智慧医疗等智能体系，也才能更好地应用和分享这些智能体系。因此，新基建能够提高民生应用的数字化、智能化水平，为人民的生活带来极大的便利和福祉。

新基建七大产业链

新基建是与传统基建相对应，结合新一轮科技革命和产业变革特征，面向国家战略需求，为经济社会的创新、协调、绿色、开放、共享发展提供底层支撑且具有乘数效应的战略性、网络型基础设施。

新基建涉及的项目非常多，但从总体来看可以归结为七个主要领域，分别是5G基建、人工智能、大数据中心、工业互联网、城际高速铁路和城际轨道交通、特高压、新能源汽车充电桩。

◆5G基建

5G网络即第五代移动通信网络，是当前移动通信领域的变革重点，也是新基建的热点。其实，早在"新基建"提出之前，5G就已经被视为"经济发展的新动能"，引起了国家层面的高度关注。

首先，5G的发展可能催生一个规模庞大的市场；其次，5G对其他新兴技术具有强大的带动作用，可以带动工业互联网、车联网、企业上云[1]、人工智能、远程医疗等新兴产业更好地发展；最后，5G的上下游产业链非常广，涵盖了零部件、主设备、运营商和下游应用等环节，甚至延伸到了消费领域。

想要做好5G基础设施建设，前提是必须加大投入，包括无线设备、传输设备、基站设备、小基站、光通信设备、网络规划实施等。从应用方向来看，5G应用涵盖了三大方向，即产业数字化、智慧化生活和数字化治理，其中5G通用应用包括4K/8K超高清视频、VR/AR、无人机/车/船和机器人。在工业、医疗、教育、安防等领域，5G应用还将产生更多创新型应用。

◆人工智能

2020年1月21日，科技部、发展改革委、教育部、中科院、自然科学基金委联合印发《加强"从0到1"基础研究工作方案》，将人工智能视为"第一

---

1 "企业上云"是指企业通过利用网络资源，实现管理、业务等方面的数据化转型，旨在重构企业的核心竞争力，最大限度地创造企业价值。

个重大科学问题"，提倡给予重点支持；2020年3月3日，教育部、国家发展改革委、财政部联合印发《关于"双一流"建设高校促进学科融合加快人工智能领域研究生培养的若干意见》，强调我国高校要深化人工智能内涵，构建基础理论人才与"人工智能+X"复合型人才并重的培养体系，探索深度融合的学科建设和人才培养新模式，着力提升人工智能领域研究生培养水平，为我国抢占世界科技前沿，实现引领性原创成果的重大突破，提供更加充分的人才支撑。

人工智能产业链可以分为基础层、技术层和应用层。其中，基础层主要为人工智能提供数据及算力支持；技术层是核心；应用层是延伸，主要面向特性应用场景生成实用的软硬件产品以及解决方案。

目前，在基础层与应用层领域，随着服务器的计算能力不断提升，并行计算单元引入，人工智能的训练效果有了大幅提升，除原有的CPU外，GPU、FPGA、ASIC（包括 TPU、NPU 等 AI 专属架构芯片）各种硬件被用于算法加速，使人工智能在云端服务器与终端产品中的应用得到了快速发展。在技术层，研究人员发现了新的数学模型与新兴合适算法，催生了一系列重要成果，包括图模型、图优化、神经网络、深度学习、增强学习等。

◆大数据中心

在信息时代，数据将成为核心战略资源，从国家政务到各个行业都离不开数据资源。因此，建设大数据中心不仅可以推动新兴产业发展，而且可以促进行业转型升级。现阶段，建设互联网大数据中心已经成为社会发展的主要趋势。美国知名市场研究机构 Synergy Research 的调查显示，全球排名前几位的云计算服务提供商想要在市场竞争中胜出，每家公司每个季度至少要在基础设施建设方面投入10亿美元。而全球的数据规模每隔18个月就会翻一番，无论数据中心建设速度有多快，始终落后于大数据增长的速度。

大数据中心产业链也可以分为上、中、下三个环节，其中上游主要是基础设施及硬件设备商，中游主要是运营服务及解决方案提供商，下游主要是数据流量用户。大数据中心建成后将汇聚各个行业的数据，并且将承担数据存储与分析功能，成为新基建的能量站。在大数据中心建设的背景下，IDC（Internet Data Center，互联网数据中心）和服务器将成为最先受益的两个领域。

◆工业互联网

智能制造的发展离不开工业互联网的支持。目前，为了推动工业向智能化、数字化方向转型升级，我国将工业互联网列为重要基础设施。从2012年"工业互联网"的概念被正式提出，到2019年"工业互联网"被写入《政府工作报告》，在这七年的时间里，国家出台了工业互联网顶层规划，工业互联网逐渐进入实质性落地阶段。

工业互联网的产业链非常长，而且具有极强的协同性，上游利用智能设备对各种工业数据进行采集，然后传输到中游的工业互联网平台进行处理，最后在下游的企业落地应用。在整个产业链中，任何一个环节都不能缺失，否则很容易导致产业链失效。

具体来看，工业互联网产业链的上游主要是各种硬件设备，包括传感器、控制器、工业级芯片、智能机床、工业机器人等。中游是互联网平台，可以分为边缘层、平台层和应用层。其中，边缘层是基础，主要负责采集各种工业数据；平台层主要负责数据存储与计算问题，主要涉及服务器、存储器等设备；应用层主要是工业App等，负责针对具体的场景制定应用方案。下游是具体的应用场景，涉及面向工业互联网典型应用场景的各种工业企业，包括高耗能设备、通用动力设备、新能源设备、高价值设备和仪器仪表专用设备的提供商等。

◆城际高速铁路和城际轨道交通

高铁是我国的"新名片"，连接东南西北，构成了我国交通的大动脉。对于具体的某个城市来说，轨道交通则是串联城市各个区域的主血管。目前，无论高铁还是城市轨道交通，都有很多在建项目。尤其是轨道交通，即便在交通体系相对发达的北京、上海、广州、深圳等城市，轨道交通建设仍有很大的进步空间。

从产业方向来看，城际高速铁路和城际轨道交通的产业链非常长，涉及原材料、机械、电气设备、公用事业、运输服务等多项内容，不仅可以推动交通行业实现数字化、智能化升级，还可以推动整个社会更好地发展。经过数十年的摸索与实践，目前，轨道交通产业发展已经趋于成熟，产业链主要涵盖四个环节，分别是设计咨询、工程建设、装备制造、运营维护和增值服务。

● 设计咨询：设计咨询包括咨询、规划、勘察、测量和设计等多项内容，主要应用于开工前期。

● 工程建设：轨道交通建设可以分为三大内容，分别是工程建设总承包、土建施工和机电安装，其中机电安装包括通信、信号、牵引供电和电力供电系统四大内容。

● 装备制造：轨道交通的装备制造主要包括车辆系统制造和机电系统制造两大内容，涉及机械制造、电子信息、高分子材料等多个领域。

● 运营维护及增值服务：轨道交通的运营维护及增值服务涵盖的内容也非常多，包括运营管理、物业、广告、媒体商业、资源开发等。

◆ 特高压

特高压指的是 ±800千伏及以上的直流电和1000千伏及以上交流电的电压等级，具有输送容量大、输送距离远、输送效率高、输送损耗低的特点，可以有效提升电网的输送能力。

我国特高压电网建设开始于1986年，是世界上唯一一个将特高压输电项目投入商业运营的国家。虽然特高压建设历经多年，但依然存在广阔的发展空间。

根据能源局规划和实际开工情况，2018年有6条特高压开工，2019年有5条特高压开工，"十四五"期间预计有10～13条特高压线路建设需求。国家电网公司发布的报告显示，2020年，国家电网公司特高压建设项目明确投资1128亿元，可带动社会投资2235亿元，整体规模近5000亿元。

从产业链来看，特高压相关产业链可以分为上、中、下三个环节，其中上游主要是电源控制端，中游主要是特高压传输线路与设备，下游主要是配电设备。在特高压建设中，特高压线路与设备是主体，可以进一步细分为交/直流特高压设备、缆线和铁塔、绝缘器件、智能电网等。

◆新能源汽车充电桩

2020年2月24日，国家发改委、工信部、科技部等11个部委联合发布《智能汽车创新发展战略》，明确提出"推动有条件的地方开展城市级智能汽车大规模、综合性应用试点，支持优势地区创建国家车联网先导区"。为了培育新型市场主体，国家鼓励整车企业以及零部件企业逐渐涉足新能源汽车生产与制造，成为新能源智能汽车产品提供商与智能汽车关键系统集成供应商。

根据国家发展改革委、国家能源局、工业和信息化部、住房和城乡建设部联合印发的《电动汽车充电基础设施发展指南（2015—2020年）》，以及我国各类汽车的增长趋势，结合国家新能源汽车推广应用相关政策要求与规划目标，可以推算出2020年我国电动汽车保有量将超过500万辆，新增集中式充换电站超过1.2万座，分散式充电桩超过480万个。由此可见，我国新能源充电桩领域存在巨大的市场空间。

充电桩全产业链也分为上游、中游和下游，其中上游主要是充电桩、充电站建设及运营所需设备的生产商，包括充电桩和充电站的壳体、底座、线缆等主要材料供应企业和充电设备生产商；中游主要是充电桩运营商，负责对充电桩进行运营与维护；下游是整体解决方案商，主要负责搜集客户需求，对整个产业链进行统筹管理，规划整体的运营方案。

开启中国经济增长新动能

新型基础设施既是促进短期经济发展的动力，也是实现长期经济发展的基础。2020年4月28日，国务院常务会议指出："加快信息网络等新型基础设施建设，以'一业带百业'，既助力产业升级、培育新动能，又带动创业就业，利当前惠长远。"新基建不仅能与实体经济深度融合，还能进一步促进居民消费、推动我国产业升级，其对我国经济的发展和产业的进步都有着非常重要的意义和价值。

新基建能够更好地发挥新一代信息技术的"强通用"能力，充分发挥数据的生产要素作用，也能够有力地提升实体经济效率。因此，新基建对整个经济社会的发展具有举足轻重的作用，具体体现在四个方面：

◆新基建是发挥"强通用技术"作用的重要前提

新一代信息技术主要包括5G、物联网、大数据、云计算、人工智能、区块链等，这些技术都属于"强通用技术"。它们不仅能为经济社会的发展提供创新条件，也能为经济社会的底层变革提供赋能手段。

"强通用技术"具有以下重要的共同特征：一是能够普遍使用；二是具有技术动力性；三是能够创新互补。这些技术具有普遍使用性意味着它们能够为许多领域提供基础性的功能；这些技术具有技术动力性意味着它们作为"强通用技术"，可以支持持续的创新活动与学习行为，而持续的创新活动和学习行为又能反过来提升这些"强通用技术"的研发效率；这些技术具有创新互补能力意味着它们的创新可以促进下游领域创新研究的整体效率。总之，这些"强通用技术"的创新和改进，将大大降低下游应用的成本，促使下游领域开发出更多的产品，并不断拓展应用的领域。

"强通用技术"具有垂直互补性，能够渗透到社会经济的各个方面，因此，它是一种重要的使能技术。新一代信息技术的应用需要与综合信息基础设施相互配合，而新基建正是一种智能化综合信息基础设施，具有实现万物互联、泛在感知、天空一体的特点。因此，新基建能更好地发挥"强通用技术"的作用与意义。

◆ 新基建是发挥数据生产要素功能的重要基础

2020年4月9日，《关于构建更加完善的要素市场化配置体制机制的意见》正式对外发布，该意见明确将数据作为一种新的生产要素。要使数据更好地发挥生产潜力，就需要以新为基础。不可否认，数据的采集、交易、计算、分析和应用等都要依附于新型基础设施。

现实经济生活中存在着许多与数据相关的问题，主要有以下几类：一是数据采集难度大；二是数据容易被滥用；三是缺乏自主可控的数据互联共享平台；四是数据安全性问题；五是数据价值无法充分发挥。之所以会出现如此多的问题，是因为缺乏与数据应用相匹配的新型基础设施。在新一代信息技术的支持下，企业的生产、管理、研发、运输、销售和服务等不断向着数字化、智能化的方向转型升级，人们的消费模式也变得越来越数字化、智能化、在线化，而无论是在线娱乐还是网络购物，都会产生大量的数据。

但是，许多数据并不能真正发挥作为生产要素的作用。要使数据发挥这种作用，就需要具备数据搜集、存储、计算、分析、开发利用的能力。数据要变得有价值，就需要经过大数据技术处理和转化，成为作用于生产过程的生产要素。加快推进新基建建设能够构建各种数据资源平台，既有利于开发和利用已有数据，又有利于采集和存储未记录的数据，总之，它能汇聚更多的数据，并能更好地发挥数据的生产要素功能。

◆新基建是提升实体经济效率的重要动能

新基建建设可以大幅提升实体经济的效率。例如，将新一代信息技术与生产技术在工业领域深度融合，不仅可以实现人、机、物的互通互联，同时也能全面连接全要素、全产业链和全价值链，形成数字化、智能化、网络化的新型工业生产制造和服务体系。而这些都有利于实体经济效率的大幅度提升。

另外，也可以利用新一代信息技术对服务业全链路进行数字化、智能化改造，形成分时性服务，促进服务业进行更广泛的资源整合。这种做法不仅能提升实体门店的服务效率，减少客户排队等候的时间，同时还能提高服务资源的利用率。

◆新基建是满足消费升级的重要保证

在制造领域，要借助工业互联网实现数据、劳动等全要素的互通互联，使产业链上下游主体可以相互协同，同时以多品种、小批量生产模式代替单一品种、大规模生产模式，并借助创新链和物流链满足消费者的个性化需求。在推进新基建的过程中，各大项目的发展也会不断创造出新的消费需求。例如，5G会激发消费者产生信息消费需求，除了数据流量方面的需求外，还包括对智能家居、无人机、物联网等多方面的新需求。

新基建能带动智慧社会、智能城市建设，并极大地降低社会交易成本。新基建可以构建一种具有公开、透明交易规则和交易流程的数据空间，并将生产者、消费者聚合在这一数据空间进行交易，这样可以极大地解决交易过程中存在的信息不对称问题，避免不必要的制度性交易成本。同时，利用区块链等保密性技术可以保证交易的安全性和可靠性，并能减少查证和对接等多方面的成本，增加社会潜在的交易机会。在新一代信息技术的支持下，电子商务、共享经济、平台经济等商业模式将突破时空限制，减少交易环节，降低交易成本，从而获得更大的发展。

新基建的战略布局与行动路径

作为一项新兴的基础产业，新基建不仅可以催生巨大的投资需求，还可以释放巨大的消费需求，将成为疫情后推动我国经济高质量发展的一个重要引擎。由于涉及的行业、领域过多，所以新基建的推进需要制定切实可行的战略，规划合理的行动路径。从总体来看，新基建的战略规划要做到以下四点：

◆ 重视建设与应用的协同

新基建可以促进我国产业快速升级，而要实现这一目标的重点是使数字技术与社会经济深度融合。数字经济具有极强的渗透性，这也是其核心所在。不过，总体来说，我国工业和服务业的数字化水平较低，与美国等发达国家相比，还有不小的差距，因此，提高这些行业的数字化水平是当前数字经济发展的目标之一。

除此之外，新基建赋能产业升级还要做好两个方面的工作：一方面要重视建设工作；另一方面要重视建设与应用的协同，特别是企业端应用、消费端应用与建设的协同，这意味着要尽快发挥新型基础设施的效能，为数字经济的发展提供足够的动力。新冠肺炎疫情期间，许多新应用快速渗透进数字经济的方方面面，典型的应用包括在线办公、云制造平台、网络协同制造等。在此背景下，新型基础设施建设拥有了更多与应用协同的机会。由于新基建具备数字化和智能化的特点，因此，其建设与应用之间的协同会变得更加容易。

新型基础设施建设中存在利用软件定义物理基础设施的内容，这可以使物理基础设施的应用更加容易。在新型基础设施建设过程中，许多企业积极开展大数据中心、云计算中心建设，这些企业不仅参与建设基础设施，同时也会应用基础设施。也就是说，在很多情况下，新型基础设施的建设主体和应用主体是一致的，这也为基础设施的建设和应用的协同提供了基础。

◆推动基于新基建的平台经济大发展

如何让新基建直接变成促进经济增长的新动能呢？这就需要新型基础设施直接帮助中小微企业获得利益。但是，大部分中小微企业在管理、生产和业务上很难与新一代信息技术对接，所以也就难以直接从使用新型基础设施中获益。因此，我们需要大力建设技术平台，促进平台经济发展，利用平台打造工具化、软件化、套件化和微型化的新技术，并促使中小微企业直接从中获益。因此，新基建的发展需要借助平台和生态的思维不断展开。

从长远来看，云计算平台、共享经济平台、协同制造平台等会随着新基建的深入推进不断降低使用门槛，这可以极大地提升中小微企业应用新基建的效能。与此同时，许多大型领军企业也纷纷借助自己的供应链资源和生产管理资源建立起开放的工业互联网平台，这为中小微企业的转型升级提供了极大的助力。

◆鼓励基于新基建的商业模式创新

新基建不仅能为产业的转型升级提供必要的工具，还能为产业的转型升级提供重要的方法。新基建一方面会快速提升企业的生产效率和管理水平，另一方面会带来大量的商业模式创新机会。因此，我们要鼓励企业以新基建为基础进行商业模式创新。

在制造业领域，新基建将基于政策支持带动云设计、云服务、制造服务化、大规模定制、网络协同制造等模式的兴起；在科研创新领域，新基建能改变科学研究的手段和协作模式。

传统集中式科技创新模式具有三大特点：一是以技术发展为导向；二是以科研人员为主体；三是以实验室为载体。而随着共同创新、开放创新模式

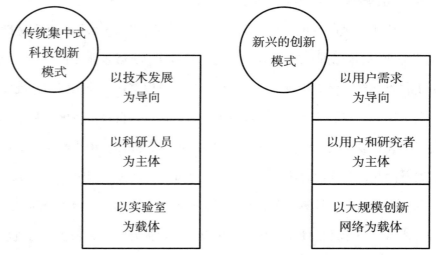

图 1-1　传统集中式科技创新模式与新兴的创新模式

的兴起，这种传统集中式科技创新模式正面临严峻的挑战。

新兴的创新模式也具有三大特点：一是以用户需求为导向；二是以用户和研究者为主体；三是以大规模创新网络为载体。目前，人们会利用更多的数字化元素来进行科技研发，如利用仿真建模、计算模拟技术代替试验等。

传统集中式科技创新模式与新兴的创新模式比较分析，如图1-1所示。

新基建能推动产品创新，进而推动商业模式创新。例如，新基建可以推动新能源汽车的创新，进而推动其商业模式的创新；新基建可以推动无人驾驶技术的创新，进而推动交通运输商业模式的创新。另外，新基建也能推动生产模式的创新。基于新基建的智能制造是以用户需求为导向的制造，它能利用信息化、智能化的手段将用户需求数据融入制造过程中，以大规模定制代替传统制造，从而推动生产模式的创新发展。

◆为新基建推动产业升级提供政策支持

新基建能为产业的转型升级提供巨大的助力，而要使这种助力作用充分发挥出来，还需要国家政策的支持。

（1）推动新型基础设施建设与应用协同联动

我国应该在新基建政策制定时就考虑新型基础设施建设与应用的协同联动，在新基建布局时，考虑新型基础设施建设与智慧城市、智能制造等下游实体应用协同联动。另外，还要在软硬件开发方面考虑其建设与应用的协同联动。新基建需要依赖软件来推动产业转型升级，因此，要在推进新型基础设施建设的同时，大力推进各种应用软件的开发。我们在推进新型基础设施建设时要具备全局观，对整体建设目标有一个全面的规划，既要实现产业链的联动，又要实现物理空间的区域联动，更要将产生的各种数据存储到统一的网络空间中，以供需要时再利用。

（2）鼓励各方主体尤其是应用主体参与到新基建之中

要使新型基础设施建设与应用实现高度协同，就需要鼓励应用主体积极参与到新基础设施建设中去，并出台相应的需求支持政策和应用支持政策。

（3）建立与新基建相关的标准和规范体系

在建设新型基础设施的过程中，要建立相应的数据标准和规范，将数据作为一种重要的生产要素，推动新基建发展。数据是一种重要的生产要素，在建立数据标准和规范后，这种要素的作用将能够更有效地发挥出来。同时也要建立云计算、区块链、物联网、人工智能的统一标准与规范，建设融合性、联通性的基础设施。

（4）加强数据和网络安全体系建设

利用新基建来推动产业的升级转型，就必须紧抓数据这一核心要素。在新型基础设施建设过程中，数据量将会不断增加，数据和网络安全问题也会日益突出。因此，在推动新型基础设施建设的同时，也要推动数据和网络安全体系建设。

在未来很长一段时间内，新基建将成为固定资产投资的主力，推动我国经济转型升级，进入创新发展的新阶段。新基建的推进不是社会或企业单方面的责任，更不是某个行业或者产业凭一己之力就能完成之事。政府要做好顶层规划，企业、行业要积极响应，抓住新基建的风口，实现产业协同，创新商业模式，推动新基建项目有序落地。

第2章 AI赋能：数字基建时代的战略基石

AI新基建：构建数字世界的底座

疫情期间，我国政府多次召开重大会议部署疫情防控和疫中建设工作，并多次提出"加快新型基础设施建设"的意见。"新基建"是国家战略的一部分，是推动经济发展的新引擎。它主要起到三方面的作用：一是稳定国内投资，二是调整产业和经济结构，三是进一步扩大内需。

人工智能技术和产品为疫情防控工作提供了极大的帮助，其中，具有代表性的包括智能病毒检测、CT影像智能分析系统、AI测温系统、智能配送机器人等。除了应用于医院场景，这些人工智能技术和产品还广泛应用于交通、社区等疫情防控关键节点，并发挥了积极的作用。随着人工智能新型基础设施建设的加速推进，人们对人工智能的关注度也越来越高。

◆什么是"AI新基建"？

所谓"基础设施"，实则是一种能为人民的生产和生活提供公共服务的设施。一般来说，基础设施具备以下关键属性：一是具有共性刚需能力，二是具有公共服务能力，三是具有强外部性。

人工智能技术是一种在应用前端才能明显感知其效果的技术。目前，人工智能技术的应用多是AI产品和AI服务的应用，人们对人工智能的关注点主要集中在它的产品性能和落地场景上。

物联网的发展使得各种数据快速积累、壮大，深度学习算法的进步使得人类的计算能力有了大幅度提升，这些都是人工智能发展的核心要素。随着这些要素的逐渐完备，人工智能的应用领域有了较大拓展，原来的人工智能应用主要集中于互联网和新零售领域，而目前的人工智能不仅被广泛应用于制造业、农业等领域，同时也在医疗卫生、城市管理等公共服务领域发挥出越来越重要的作用。未来，人工智能将进一步赋能生产生活的各个方面，并实现对生产生活的全覆盖。

人工智能是一种通用目的的技术，具有较强的基础设施属性，这一点可以从人工智能提供产品和服务的方式上看出来。目前，我国已经加快了对"AI新基建"的建设布局。作为一种重要的应用型基础设施，它将助力经济社会的高质量发展。

无论对传统产业升级还是对智能经济发展来说，发展"AI新基建"都是迫切需求。传统产业升级是一项艰巨而紧迫的任务，通过AI技术赋能传统产业升级势在必行。"AI新基建"是我国推进重大应用基础设施建设的一部分，其之所以能为传统产业升级赋能，是因为它可以为传统产业提供智能化的公共服务。人工智能是驱动国家智能经济发展的核心动力，其技术和产品应用水平彰显着国家的硬实力。

"AI新基建"既会对产业结构产生影响，又会对实质经济产生影响。作为智能经济形态的重要支撑力量，它将为经济的健康、稳定增长提供必要动力。

◆ "AI新基建"的建设内容

"AI新基建"不能独立存在，它具有体系化、系统性的特点，在建设之前应该进行整体设计。除此之外，人工智能产业具有一定的独特性，既要做好软实力建设，例如研发软件算法、搭建智能平台等，又要做好硬件基础设施建设，例如网络、计算、存储等。以智能化核心为绳索将软硬件串联在一起，形成一个有机整体，最终实现智能化赋能。

从目前的情况看，"AI新基建"建设主要包括三大内容，分别是信息基础设施建设、创新基础设施建设和融合基础设施建设，涵盖了基础能力建设—创新服务提供—应用试点升级整个流程。

其中，信息基础设施建设主要是为人工智能的发展打好硬件基础，满足人工智能产业发展对基础资源的需求；创新基础设施建设的主要功能是为人工智能产业的核心能力发展提供动力；融合基础设施建设体现了"AI新基建"的价值，可以为传统行业的智能化变革赋能，激发新兴业态，推动社会经济实现更好的发展。

◆ "AI新基建"的建设理念

"AI新基建"建设的主要目的在于强化社会链接能力，为社会发展提供良好的智能化基础服务，通过打造安全可靠的网络体系强化核心可控能力。

在人工智能时代，数字产业将成为一项非常重要的基础性产业，数字化与智能化相辅相成，共同推动社会发展。其中，智能化负责扩充数据积累，数字化负责为智能提供"燃料"。同时，"AI新基建"还可以作用于社会治理与民生应用，衍生出更多智能化的治理手段与生活方式。

"AI新基建"建设是一个耗时长、耗资多的项目，不仅需要投入大量时间与金钱，还需要同时做好研发与实践。具体来看，"AI新基建"可以分为前、中、后三个阶段来完成，前期的主要任务是做好通信和计算类基础设施建设，夯实人工智能技术能力基础；中期的主要任务是输出研究能力与核心能力，做好基础设施建设，保证基础设施的延续性，推动社会更好地发展；后期则要统筹规划，形成规模效应，完成"AI新基建"体系架构。

◆ "AI新基建"的赋能价值

"AI新基建"将对社会经济发展产生重大影响，这种影响主要表现在以下三个方面：

第一，"AI新基建"将对人工智能产业发展产生积极的促进作用，尤其是随着计算能力不断提升，数据资源不断丰富，创新研发能力持续升级，将推动人工智能产业深化发展。

第二，人工智能可以与众多技术实现深度融合，例如5G、区块链、边缘计算等，通过多元技术融合产生协同效应，催生出更多新场景、新应用以及新的经济形态。

第三，"AI新基建"的终极目标是为整个社会赋能，推动传统行业实现数字化、智能化、信息化转型。总而言之，在人工智能时代，随着人工智能与实体经济深度融合，传统行业将跟随时代潮流实现转型发展，整个经济社会也将实现可持续发展。

科技变革：智能社会的来临

近年来，随着人工智能快速发展以及人工智能应用相继出现，越来越多的国家开始加快在人工智能领域的布局，甚至将发展人工智能视为维护国家安全、保持科技领先的重大战略。为顺应这种形势，国务院早在2017年就印发了《新一代人工智能发展规划》，对我国人工智能产业进行顶层设计，开启了我国人工智能产业的新时代。

经过几年时间的高速发展，我国人工智能产业逐渐成熟，核心产业规模突破了千亿元，还出现了一批"独角兽"企业，产业发展进入新阶段。纵观人类社会的发展，从蒸汽时代到电气时代，再到互联网时代，每一轮科技革命都要以全新的基础设施为支撑。

◆ 全球秩序重构背景下的AI新基建

近几年，由于中美贸易摩擦、新冠肺炎疫情等因素的影响，全球经济下行压力加剧。在此形势下，为了保证经济稳定增长，激发市场活力，新型基础设施建设成为新的着力点。在我国，传统基础设施建设已经没有太大的施力空间，随着人工智能产业不断成熟，国家将基础设施建设的重点放在了人工智能领域，试图通过人工智能基础设施建设为经济发展创造一个新引擎。

从全球经济发展的经验来看，机场、港口、桥梁、通信、水利、城市供排水、供气、供电设施等基础设施建设不仅可以保障民生，提高人们的生活水平，而且可以促进经济发展。进入新时代之后，国家发展、人民生活都对社会基础要素提出了新需求，要求建立高效率的能源输送、高端的工业体系、高速的信息传输及智能化的社会治理体系，从而保持现代化体系的先进性。因此，从时代发展趋势来看，新型基础设施建设是必然之举。

◆中国人工智能产业步入发展关键期

为了推动我国人工智能产业健康、稳定地发展，国务院印发了《新一代人工智能发展规划》。经过多年发展，我国人工智能产业规模逐渐稳定，资本投资开始向后推移，智能应用产品越来越多，整个产业逐渐从成长期迈向成熟期表现出三大特点：

（1）产业发展趋于稳定，迈过急速扩张期，开始精耕细作

对于我国人工智能产业的发展来说，2019年是一个非常重要的节点。在这一年，我国人工智能产业基本形成比较成熟的模式，开始从技术驱动向多元化场景应用转移，不再一味地追求市场份额，开始深耕在具体行业的应用，增长速度明显放缓。

（2）投资轮次开始从天使轮向后推移，逐渐从宏观的战略布局转向重点发力

我国人工智能行业的投资热潮开始于2012年，投融资规模呈现指数级增长。但到了2019年，人工智能领域的投融资数量呈现出明显的下滑趋势，投融资总金额也开始下降，只有381.04亿元，仅为2018年投融资总金额的54.5%。但在平均单笔投融资金额方面，相较于2018年的1.07亿元，2019年达到了1.15亿元，有了明显增长。

另外，在A轮及天使轮融资方面，2019年的融资数量明显下降，只有2018年的43%，而且融资金额超过10亿元的人工智能项目在总融资额中所占

比例达到了22.8%。[1]这表明随着人工智能产业逐渐成熟，投资机构改变了过去在整个行业布局的投资策略，开始有重点地培养优质企业，试图打造行业"独角兽"，助力其成为行业龙头企业，完成投资闭环。

（3）应用场景不断深化，逐渐从单点应用转向与行业深度融合

近年来，人工智能的应用场景越来越多，金融、医疗、教育、零售、工业、交通、娱乐等行业均在开展智能化变革。在此趋势下，越来越多的传统行业开始尝试引入人工智能应用，单点应用的模式逐渐无法满足企业需求，人工智能技术需要聚焦某个应用场景并逐渐深入，通过产业智能化重塑与实体经济深入融合，从供给侧的技术驱动主导向需求侧的场景化应用主导转变。

◆ 科技变革引发智能基建强需求

算法模型深度强化需要建立在强大算力的基础上。目前，人工智能领域应用最广泛的就是深度学习算法，这一算法引起广泛关注是在2012年的全球ImageNet竞赛中。英国多伦多大学教授杰弗里·辛顿（Geoffrey Hinton）领导的竞赛小组利用深度学习模型AlexNet在比赛中大获成功，人们认识到深度学习算法强大的运算能力，将其列为人工智能领域主流研究方法。

神经网络诞生于1959年，如果将当时所需的算力视为1，AlexNet模型所需的算力已经达到了1亿。从1959年到2012年，为了满足新模式的计算需求，算力平均每年要增长0.5倍。2012年之后，深度学习算法进入新的发展阶段，

---

1 数据来源：智研咨询《2020—2026年中国人工智能行业市场竞争状况及发展战略研究报告》。

算力需求平均每年要增长4倍。这种全新的算法一方面可以提升人工智能的性能，另一方面也需要强大的算力提供支持。

智能化应用的落地对社会智能服务能力提出了较高的要求。随着信息技术不断发展，互联网覆盖范围越来越广，移动终端、智能应用越来越多，数据量开始大幅增长。《IDC：2025年中国将拥有全球最大的数据圈》白皮书预测，到2025年全球数据总量将达到48.6ZB。人工智能的发展离不开数据的支持，以大规模数据为基础，将产生一系列智能化应用，如图2-1所示。智能化应用又将产生更多数据，从而形成一个良性循环。

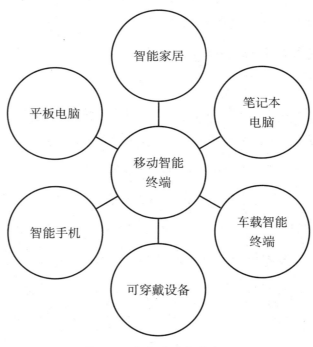

图 2-1 智能终端主要产品

据统计，2019年，我国智能终端产品的出货量达到了7.7亿部，预计到2025年，将增长到36.12亿部，如图2-2所示。[2]数据的高速增长以及人们对智能化应用与服务的需求，将对社会智能服务能力提出更高的要求。

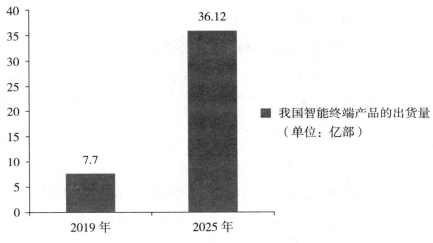

图 2-2 智能终端产品的出货量增长情况

在人工智能时代，社会发展需要面向未来的城市支撑。近年来，"智慧城市"成为我国城市建设的热点，吸引了大量投资。目前，我国省级、副省级城市均已开始智慧城市建设，超过90%的地级城市也相继加入智慧城市建设队伍。在向人工智能时代迈进的过程中，智慧城市建设是必然之举，是推动社会进步与发展的重要保障。

---

2 数据来源：《2020年中国智能硬件行业分析报告——行业供需现状与发展潜力评估》。

AI赋能传统产业数字化转型

人工智能具有先天的基础设施属性，是新基建的重要支撑，不仅其核心产业具有广阔的市场前景，其赋能其他产业所带来的市场前景也不容小觑。可以说，"AI新基建"是我国经济转型的原动力，也是数字经济时代的新引擎，它的落地应用有助于我国经济向着高质量发展阶段迈进。

作为新基建七大领域之一，人工智能具有很强的"头雁"效应，能够为新一轮产业变革提供重要动力。而"AI新基建"具有基础性、公共性和外部性，能够支撑数字经济的高效运转，并能广泛赋能各行各业，其基础设施属性会随着应用的加深变得越来越强。

从人工智能自身产业发展和赋能其他行业的角度来看，"AI新基建"可以分为两大类：一是"AI通用新基建"，二是"AI专用新基建"。

- "AI通用新基建"：人工智能新型基础设施能够为全行业、全领域提供通用的AI能力，为金融、安防、医疗、交通、教育、家居等行业赋能，催生一系列新产品、新服务，包括金融行业的智能支付、智能风控、量化投资；安防行业的人脸闸机、智能摄像机、电警卡口；医疗行业的影像诊断、健康管理、导诊机器人；交通行业的自动驾驶、辅助驾驶等。

- "AI专用新基建"：人工智能新型基础设施能够为特定行业、特定领域提供专用的AI能力，具体包括基础平台、智能视觉平台、智能语音平台等通用平台，芯片、摄像头、激光雷达、嗅觉传感器等传感器，数据设施、算力设施、算法资源、网络配套设施等。

借助这两种赋能形式，"AI新基建"既能够为传统产业的数字化升级转型提供动力，也能为各行各业提供智能化的基础支撑。

◆AI通用新基建

（1）"AI通用新基建"的"三驾马车"

"AI新基建"具有三大要素，分别是数据、算力和算法。这三大要素共同构成了"AI通用新基建"的"三驾马车"，推动着"AI通用新基建"的落地实施。以"三驾马车"为动力，"AI通用新基建"可以为社会提供低成本、开放式、通用性人工智能技术和产品。

● 数据："AI通用新基建"的核心基础。有了数据或数据资源库，人工智能才能展开机器学习。

● 算力："AI通用新基建"的重要保障。智能芯片是提供计算能力的核心器件，它能帮助整合各种软件框架，为人工智能提供训练能力。

● 算法："AI通用新基建"的主导灵魂。它能为机器的学习提供有效方法和通用算法模型，并通过API或SDK与具体应用场景的结合为人工智能设备提供特定的技术接口。

（2）"AI通用新基建"重点内容

"AI通用新基建"的主要内容是：将数据、算力、算法的资源和能力整合起来，构建机器学习、知识图谱、语音识别、计算机视觉、自然语言处理等典型人工智能技术的通用平台，为企业提供AI训练能力、云端推理能力和各种用以调用底层资源的接口。其中，数据产业所面向的人工智能市场主要是基础数据服务市场，其代表性产业不仅能提供数据资源定制服务和数据集产品，还能提供数据平台建设等；算力产业主要涉及芯片、传感器、服务器等人工智能上游硬件的研发与制造；算法产业主要涉及通用算法模型资源和经典算法模型资源的开发与应用。

（3）"AI通用新基建"市场规模

斯坦福大学的数据显示，在2012年之前，人工智能算力需求翻倍时间是2年，而截止到2020年，这一需求翻倍时间降至3~4个月。由此可见，目前的AI算力远远无法满足人工智能发展的需求，而这一巨大的需求缺口则能刺激人工智能核心产业的快速发展。

赛迪顾问发布的统计数据显示，人工智能核心产业在2019年的总体规模为1302.4亿元，同比增长31.9%。招商证券等机构对人工智能的未来发展进行过相关预测，即到2025年，人工智能新型基础设施的累计投资规模将超过2000亿元，其中，代表性的基础设施包括人工智能相关底层硬件、通用技术及平台的基础设施。目前，"AI通用新基建"为经济的增长提供了新的动力，其核心产业已经催生出千亿级别的新兴市场。

◆ AI专用新基建

（1）"AI专用新基建"的概念

"AI专用新基建"是应用于特定行业的基础设施建设。例如，智慧城市的"城市大脑"平台就是一种"AI专用新基建"。城市大脑平台能连接和整合城市的各类数据，并利用认知、决策、优化、探索、挖掘、预测、干预等方式对城市数据和城市问题进行即时分析、智慧调动、优化管理、科学研判和协同指挥。

要使城市大脑平台发挥人工智能的谋划作用，就需要集中建设好五大基础能力：一是建立足够的弹性计算能力；二是建立强大的数据整合能力；三是建立兼容的算法服务能力；四是建立广泛的感知汇聚能力；五是建立可靠的网络安全能力。城市大脑平台建设不仅能推进政府的数字化升级，实现政府与企业数据的共享，同时还能支撑各类城市应用的进一步发展。总之，它既是提升城市综合治理水平的有效方法，也是完善智慧城市建设的关键手段。

（2）"AI专用新基建"应用领域

人工智能可以为各行各业赋能，推动新旧动能转换，实现产业机构优化升级，促进数字经济和实体经济的融合创新，开拓更大、更有潜力的行业市场。人工智能在多个领域具有专用应用场景和属性，具体来说，可包括以下领域：智慧城市、智能医疗、智能驾驶、智慧农业、智能制造、智慧金融、智能零售、智慧教育、智能机器人、智慧安防等。

（3）"AI专用新基建"市场规模

2017年7月20日，国务院印发了《新一代人工智能发展规划》。据该通知的相关规划，我国人工智能到2020年所能带动的相关产业规模将超过1万亿元；到2025年所能带动的相关产业规模将超过5万亿元；到2030所能带动的相关产业规模将超过10万亿元。人工智能能够提升传统基础设施的数字化、智能化水平，随着其在生产生活和社会治理等方面更深、更广的应用，以及人工智能新型基础设施建设的加快推进，将为我国打造一个完善的、广泛应用的新一代人工智能基础设施体系。

引领我国经济高质量发展

随着人工智能新型基础设施建设轰轰烈烈的展开，人工智能领域的核心能力、研发水平不断提升，试验场景不断丰富，将对人工智能产业的发展产生积极的推动作用。对于人工智能产业化发展来说，"AI新基建"发挥着关键作用，只有整合全社会的力量共同建设，才能为人工智能产业的发展奠定坚实的基础，开启人工智能新纪元。

◆ "AI新基建"开启人工智能新纪元

随着"AI新基建"的核心能力不断提升，人工智能产业将进入高速发展阶段。在"AI新基建"的众多项目中，计算能力、网络通信、数据资源等基础设施建设可以对人工智能产业发展产生直接促进作用。

为了做好这些项目建设，我国数据中心IT投入在2019年达到了3698.1亿元，而且投资规模将不断增长，到2025年有可能达到7070.9亿元。[3]从全球人工智能市场来看，到2022年用于算力的投资将达到176亿美元。[4]随着人工智能领域的新型基础设施不断强化，人工智能产业将获得更强劲的发展动力，迈进快速发展阶段。

随着"AI新基建"的研发水平不断提高，人工智能产业将形成良性循环。目前，人工智能技术发展仍处在弱人工智能阶段，只能做到相对准确的感知、有目标输入的认知、做简单决策，无法满足人们对智能化能力的高要

3　数据来源：前瞻产业研究院《中国IDC（互联网数据中心）行业市场前瞻与投资战略规划分析报告》。

4　数据来源：IDC和浪潮联合发布《2018—2019中国人工智能计算力发展评估报告》。

求。想要实现高层次的人工智能，还需要长期探索。

"AI新基建"能够从各个层面为人工智能产业的发展提供支持。随着创新环境不断完善，人工智能技术研发水平将不断提升，技术进步将带动产业发展，产业发展又将带动科技研发，进而使整个人工智能产业的发展形成良性循环。

随着人工智能试验场景不断丰富，人工智能生态将形成一个完整的闭环。在"AI新基建"的重点建设项目中，人工智能试验区建设是推动人工智能产业发展的重要基础。为了做好人工智能试验区建设，科技部于2019年8月印发《国家新一代人工智能创新发展试验区建设工作指引》，对新一代人工智能创新发展试验区建设做出了统筹规划，计划到2023年建成试验区约20个。

人工智能试验区建设不仅可以为人工智能产业提供试点示范场所，还可以促使人工智能产业与现有产业磨合，共同发展。越来越多的人工智能应用将在示范区落地，产生大量反馈数据，提升算法能力，进而形成人工智能生态闭环。

◆ "AI新基建"将进一步加强技术融通纽带

人工智能具有极强的技术融合性。随着"AI新基建"步入正轨，算法、算力不断升级，人工智能将以各种智能应用为核心与各种新兴技术实现协同，例如将以云计算协同为人工智能提供丰富的计算资源，与区块链技术协同保证算法安全，与5G技术协同提高数据传输速度与效率，保证数据传输的稳定性，推动人工智能技术在更多应用场景落地。

◆ "AI新基建"将有效推动经济列车快速前行

作为一项新兴战略技术，人工智能具有极强的溢出带动性作用，可以引领新一轮的科技革命与产业变革。人工智能新型基础设施建设可以催生很多全新的智能业态，为传统行业赋能，对产业发展、社会治理、生态建设产生积极的推动作用。在经过数字化、信息化积累之后，人工智能将作为智慧大脑对各种资源进行优化整合、高效调度，对各项需求做出充分了解，为社会经济的发展提供新理念、新模式。

随着AI新基建不断推进，我国生产制造、社会治理、民生服务等各行各业都将发生巨大变化，城市基础设施将变得更加智能化、数字化。作为一种新型基础设施，AI新基建将对产业发展、产业结构调整、新旧动能转换产生积极的推动作用，为数字经济的发展提供强有力的支持。随着各产业实现智能化升级，生产效率与质量得以大幅提升，将有更多劳动力从繁忙的工作岗位上解脱出来，从事更有价值、更富有创造性的工作，推动经济实现高质量发展。

第3章　行动路线：企业抢滩AI新基建带来的红利

自国家出台"新基建"政策以来，各地政府积极响应，相继制定了一系列对应的指导方案和措施。同时，我国企业也纷纷投入到新基建的浪潮之中，其中具有代表性的国内科技企业包括百度、华为、腾讯、阿里巴巴等。这些企业凭借自身完备的布局和技术实力，在加快推动新基建的过程中发挥着越来越重要的作用。

百度：新基建浪潮下的AI版图

2020年6月11日，百度科技公司正式对外发布了"百度AI新基建版图"，可以看出百度已经布局建设了多种人工智能新型基础设施，包括飞桨、芯片、智能云、百度大脑、数据中心等。百度一直致力于依托这些人工智能新型基础设施推动智慧城市、智能交通、智慧金融、智慧能源、智慧医疗建设，以及实现工业互联网、智能制造等领域的产业智能化、数字化转型升级，其目标是成为中国最大的AI新型基础设施服务提供商。

例如，在智慧城市领域，"百度城市大脑"打造了新一代城市智能基础设施，涵盖了公安、应急、交通、城管、医疗、政务、教育等多元化的场景，让城市变得更安全、更便捷、更宜居。在智能交通领域，百度推出全球首个车路行融入的全栈式智能交通解决方案——ACE交通引擎，目前已经在北京、长沙、保定等10多个城市落地应用，使交通效率提升了15%~30%；在智慧医疗领域，百度为300多家医院、1500多家基层医疗机构服务，辅助数万名医生开展诊疗工作。尤其是在"战疫"期间，百度健康"问医生"服务用户8000多人次，惠及患者千万人。

百度在技术创新上表现非常突出。目前，在全球范围内，百度的人工智能专利申请量已经达到1万件以上，其中有70%是中国专利，在国内企业AI专利量排名中位列第一。同时，百度在四个细分领域的AI实力排名居国内第一，它们分别是语音识别、知识图谱、自动驾驶和自然语言处理。由此可见，百度不仅拥有深厚的技术积淀，还拥有持续创新能力，并在"AI新基建"的推进中起到了"头雁"作用。

百度大脑是百度公司最亮眼的研究成果之一，是其在人工智能领域多年积累和业务实践的集成。百度大脑以百度飞桨深度学习平台为基础，打造出了一个软硬件一体化的人工智能生产平台，它能够深度融合AI能力和应用场景，并在此基础上进行技术创新，不断推动人工智能技术向着标准化、模块化和自动化的方向发展。百度大脑既是一个开源性平台，也是一个开放性平台，它通过持续对外开放核心能力帮助许多开发者和企业实现了发展。在百度大脑的支持下，人工智能加速了在产业中的落地应用，各企业和开发商能够根据自身需求开发产品。

百度飞桨是百度打造的产业级深度学习平台，具有开源开放、功能完备、技术领先等特点。该平台在加速AI能力与产业的融合创新方面做出了重要贡献。作为国内最领先、功能最完备的深度学习平台，百度飞桨拥有国内最大的开发者团队和服务企业数量，其目前的开发者已经超过190万人，服务企业数量达到8.4万家，共创造了23.3万个模型。百度飞桨的业务覆盖多个行业和领域，包括通信、电力、民生、工业、农业、林业、公益、城市管理等。另外，百度飞桨还借助技术优势打造出"量桨"，成为国内首个推出量子机器学习开发工具的科技企业。

百度在前沿技术领域领先于其他企业，主要得益于其强大的技术背景。目前，百度已经建成的百度研究院，共有九大技术实验室，汇聚了数十位世界顶级AI科学家，主要从事前瞻基础技术研究和探索技术前沿方向。例如，百度在量子领域除了研发出国内首个量子机器学习开发工具"量桨"外，还研发出了国内第一的云上量子脉冲系统"量脉"，该技术在国际同样处于领先水平。

百度在区块链领域也大有作为。例如，百度自主研发出了自己的区块链系统——XuperChain，实现了对区块链核心技术的自主可控，同时在区块链领域申请了200多个技术专利。百度在工业物联网安全领域也进行了布局建设，例如，其人工智能物联网（AIoT）的安全能力可以覆盖六大场景和超过1.5亿的终端设备。

百度自主研发出多款人工智能芯片，如百度昆仑AI芯片、百度鸿鹄AI芯片等，这些核心器件可以为"新基建"的推进提供巨大的动力。目前，在业界内，百度昆仑芯片是实际性能最高的一款AI芯片，可以实现在工业领域的大规模应用。百度鸿鹄芯片是一款远场语音交互芯片，也是足以改变行业现状的顶尖芯片。它可以应用于智能汽车、智能家居等领域，为多场景语音交互问题提供解决方案。

百度智能云既是百度AI落地的承载者，也是其重要的输出者。百度智能云由三大层级组成，从下到上依次是百度大脑、平台层、行业智能应用和行业解决方案。

● 百度大脑由基础层、感知层、认知层构成。基础层主要包括算力、数据和飞桨深度学习平台；感知层主要包括语音、视觉、VR/AR等技术；认知层主要包括语言与知识。

● 平台层可以分为三个层级：底层是基础云中台；中间层是AI中台和知识中台；顶层包括多媒体平台、物联网平台、区块链平台、大数据平台、云原生开发平台、边缘计算平台。

● 行业智能应用主要包括智能客服、智能营销、智能办公、企业搜索、工业质检、智能媒体等。行业解决方案主要包括智慧城市、智慧金融、智慧医疗、智能制造等。

随着技术的进步，百度智能云也将引来进一步的发展。目前，百度已经建成10多个数据中心，覆盖北京、保定、苏州、南京、广州、阳泉、西安、武汉、香港等多个城市。

2020年5月，在"ABC SUMMIT 2020百度夏季云智峰会"上，百度宣布了全新的战略架构，即"以云计算为基础，以人工智能为抓手，聚焦重要赛道"。

另外，百度还在会上同时发布了多个创新平台，包括AI中台、知识中台、新一代智能办公平台。其中，AI中台可以帮助企业按照自身需求搭建人工智能平台，使企业针对各类问题高效制定AI解决方案；知识中台能赋予企业知识生产、组织和应用的能力，帮助企业打造智能化的业务场景，为企业解决构建知识、运用知识的难点和痛点；新一代智能办公平台以人工智能技术为依托，赋能企业通讯、协同办公、知识管理三大应用场景，可以有效提升企业内部信息、知识的流动效率，进而提升企业运作效率与创新效率。随着百度新战略的落地实施，百度智能云不仅成为推动产业智能化发展的关键力量，也成为加速AI工业化应用的重要引擎。百度智能云在推进产业智能化落地方面已经取得了一系列骄人成绩：

● 在智慧金融方面，百度智能云已经为200家金融客户提供了优质服务，触达的金融场景多达十几个，包括营销、风控等。

● 在智慧医疗方面，百度智能云已经为300多家医院和1500多家医疗机构提供了优质服务，服务人才在2500万以上。

● 在智慧城市方面，百度智能云作为新型智能基础设施，已经在北京、重庆、苏州等城市落地，为城市变得更智慧提供动力。

● 在智慧能源方面，百度的AI中台、知识中台已经在多家头部能源企业落地应用，如国家电网、南方电网等，可以服务20多个业务场景和150多个智慧变电站，并能为2条特高压线路和4万多条输电线路提供智能化监拍服务，同时每天自动巡视能源路线7万多公里，大大节省了人工成本。

● 在智能制造方面，百度智能云已覆盖14大行业、16个合作伙伴、30余家企业，为32类垂直场景提供了优质服务，在3C、汽车、钢铁、能源等行业实现了规模化落地。

● 在智能交通方面，百度智能交通采用的是"1+2+N"模式，其中"1"指的是一个数字底座，涵盖了百度地图、百度智能云、飞桨深度学习平台和小度车载OS四大应用；"2"指的是两大智能引擎，分别是Apollo开源自动驾驶平台和车路协同系统；"N"指的是多元化的应用生态，包括智能公交、智能出租、自动泊车、智能货运、智能车联、智能停车、交通治理等。百度自动驾驶平台（Apollo）凭借领先的AI能力，成功获得了重庆、合肥、阳泉等地的车路协同新基建项目的建设权。目前，百度驾驶出租车服务（Apollo Robotaxi）已经在长沙全面开放试运营。

百度在AI技术领域具有丰富的经验，并能在AI产业落地上起到"头雁"作用。百度在进行AI技术创新发展的同时，也非常注重AI人才的培养，愿意通过大量的投入助力AI人才的成长。目前，百度已经为社会累计培养了100万以上的AI人才，为加速推进新基建做出了重要贡献。在新基建的浪潮中，百度将借助领先的AI能力为自己打开新的增长空间，并在"新基建"的推进中发挥越来越重要的作用。

华为：全栈全场景AI解决方案

华为公司在《泛在算力：智能社会的基石》的报告中提出了这样的预测：截止到2025年，人工智能的产业规模将达到2081亿美元，所消耗的算力将占总算力消耗的80%以上。那么，华为是如何在智能计算的扩疆之战中布局AI生态的呢？

总体来说，在发展智能计算产业时，华为所使用的基础策略是"硬件开放，软件开源，使能合作伙伴"。下面我们将对华为在"AI新基建"领域的布局建设做一个详细分析。

◆面向企业：打造低门槛AI开发工具

目前，阻碍AI快速落地的主要因素有两个：一是缺乏专业人才；二是相关基础设施效率低下。

从行业企业上来看，如果企业只是通过购买和定制AI模型来发展业务，那么后续的自我迭代工作便难以实现；同时定制代码的周期比较长，工作量巨大，很难快速实现AI业务的上线。对创业企业来说，AI行业的门槛较高，业务相对复杂，如果没有足够的行业经验支持，便很难进行AI应用开发。从行业开发者来看，AI应用开发的工作任务重、业务繁忙，没有时间再去深度研究算法；而通用的应用程序编程接口无法支持行业特定的业务流程，存在较大的局限性。另外，AI项目过多，则会导致大量重复工作，而相似的项目却又难以简单进行重复利用。

这些行业痛点如果无法解决，则很难实现AI项目和业务的快速落地。为此，华为自主研发了AI应用开发专业套件ModelArtsPro。这是业内首款企业级AI应用开发专业套件，是面向企业的专业AI开发工具，能够向企业提供优质、高效的AI开发服务。

ModelArtsPro能够面向多种行业场景发挥作用，包括物流、零售、金融、医疗、交通等。它能基于华为云为企业提供文字识别、视觉识别、自然语言处理、知识图谱等多种AI应用开发套件，并帮助企业根据行业需求和场景需要定制相关服务。华为云ModelArtsPro平台具备五大特点：

● 高效的行业算法：平台拥有高效、优质的行业算法，能够借助较少的标注数据为开发者提供高精度AI应用。其算法优势主要得益于两点：一是华为领先的AI技术；二是华为丰富的行业专家经验。

● 领先的AI开发平台：ModelArts是领先的AI开发管理平台，能够为底层开发商提供先进的算法技术和一站式服务，保证低成本、高效率、高精度的AI应用开发。

● 简单的流程式开发：用户可借助平台预设的工作程序轻松进行流程式开发和迭代。

● 灵活的工作流编排：在特定的行业和场景中，开发者可根据自身需求灵活编排工作流，并进行AI应用开发。

● 丰富的开放生态：华为云拥有开放的生态环境，有助于用户在AI市场中对所需行业工作流进行分享、获取和购买，同时有助于AI行业的高质、高效落地。

◆面向开发者：搭建全场景AI计算框架

AI的研究和生产之间存在着巨大的差距。目前，学术界AI模型研究和工业界AI模型应用全面开花，而AI模型的研究和应用一方面需要易上手、易控制的AI开发工具，另一方面也需要大数据、完备功能和多种应用场景的支持。

华为打造的MindSpore是一种适用于全场景的AI计算框架，可以满足产学界开发者的AI需求；同时它还是一种训练推理框架，可以支持昇腾处理器、图形处理器、中央处理器等。MindSpore使用起来简单、方便，可以大大缩短模型开发周期，显著降低模型开发门槛，实现按需协同。MindSpore主要具有三大特性：

● 开发态友好：MindSpore的AI算法具有领先的技术和工具，包括自动微分技术、自动并行技术、自动调优技术和可视化工具等，能够在运行过程中减少20%的核心代码量，提升50%的整体效率，使整个开发态变得更加友好。

● 运行态高效：将MindSpore应用于昇腾芯片之中，能够实现图编译加速、算子编译加速、神经网络的并行执行，从而提升昇腾芯片处理动态图的性能。实际上，在MindSpore的帮助下，昇腾芯片的整体性能可提升1.6倍。

● 部署态灵活：MindSpore能实现全场景按需协同，可利用自适应部署技术灵活完成从终端设备到云端的相关部署。同时，在这一过程中，开发者对AI应用的调校只需进行一次。MindSpore框架除了支持华为的鸿蒙操作系统外，还支持安卓、iOS等操作系统；MindSpore框架在移动端可以提供10多种功能，大大完善了HMS智慧服务体系；MindSpore的架构设计非常灵活，既可以设计大模型，也可以设计小模型，并能使模型设计向着低功耗、高效率、轻量级方向发展。

◆生态基座：统一计算架构与全场景布局

目前，华为正在加快AI生态建设，积极为高校、初创企业、开发人员和合作伙伴提供优质、高效的AI服务。华为高级副总裁张顺茂曾这样描述华为，"大厦不能建在沙丘上，也不能建在别人的基座上"。那么华为AI生态的基座是什么呢？答案是昇腾AI芯片。

2014年，华为开始论证AI处理器统一架构，并在短短两年时间内完成了名为"达芬奇"的架构设计。"达芬奇"架构以Cube计算引擎为核心,具有可扩展计算和存储的能力。传统的芯片内只有单Cube,而该架构实现了芯片内的多Cube,可以使数千个芯片相互联通,极大地解决了算力差异问题。统一的"达芬奇"架构能够提供一种"通用语言",从而使终端设备与云端的"沟通"变得更容易,这种设计不仅减少了程序之间的工作量和改写代码的工作量,同时也大幅提升了开发效率。另外,它还能让开发者享受同等的开发体验。

华为以"达芬奇"架构为基础开发出昇腾AI芯片,该芯片可以在不同场景中提供AI服务。之后,华为又在昇腾AI芯片的基础上打造出名为Atlas的人工智能计算平台,并基于这一平台,相继推出Atlas系列模块、板卡、小站、服务器、集群等多款产品。目前,Atlas系列产品已经在数十个行业落地,涉及智慧交通、智慧电力、智慧金融、智慧城市、智能制造等多个领域。

● 在云侧,Atlas可以用于智能交通领域,帮助交通部门对过往车辆进行实时监控,并对4300万张车辆图片进行实时分析。如果采用通用处理器来处理这些图片,需要3000台服务器;如果采用图形处理器来处理这些图片,需要100台处理器;而如果采用嵌入式神经网络处理器来处理这些图片,只需要60台处理器。Atlas正是采用基于AI深度学习的嵌入式神经网络处理器来处理这些图片,因此不仅能大大减少处理器的部署数量,还能极大地降低整个交通系统的功耗。

● 在边缘侧,华为基于Atlas为松山湖基地提供了高质量的工业质检解决方案。在Atlas的应用下,该工业质检解决方案的质检准确率高达99%,有些工艺的精度甚至能达到99.9%。目前,华为已经在昇腾社区公开了这一AI质检算法模型，广大开发者只需要在社区中下载即可免费进行使用。

● 在终端侧，华为的Atlas200AI加速模块被南开大学计算机学院用于视网膜病变的筛查和检测。Atlas200AI加速模块可以为终端的AI应用提供强大的算力。南开大学的李涛教授表示："与几款服务器级的CPU和GPU相比，Atlas200拥有更高的能效比、更好的便携性和更低的价格。"在昇腾社区，华为为开发者创建了三大中心：资源中心、赋能中心和知识中心。其中，资源中心可为开发者提供技术文档和开发工具；赋能中心为开发者提供人工智能的理论课程、实践课程和应用案例；知识中心为开发者提供在线问答、流程支持、远程支持、经验分享等服务。

华为战略与发展委员会主任徐直军曾这样描述华为的AI战略，"如同公元前的轮子和铁、19世纪的铁路和电力，以及20世纪的汽车、电脑、互联网一样，华为认同AI是一组技术集合，是一种新的通用目的技术"。

在信息时代，科技巨头们相互较量，谁建立了领先的AI生态，谁就能成为竞争中的"王者"。目前，各大科技公司竞争的核心战场已经转移到AI生态的建设上。以开发者为核心，以市场需求为驱动，积极构建AI生态已经成为科技企业的共识。AI生态的布局建设涉及AI芯片、AI算法研究、开源AI框架、AI应用开发平台、云边端AI服务、AI开发者社区等多个领域。而在这些领域的"AI新基建"中，华为已经成为名副其实的领导者。

腾讯："一云三平台"架构

2020年5月28日，腾讯首次对外公布了自己的AI新基建战略布局。总体来看，腾讯将按照"一云三平台"的架构来对AI新基建进行整体布局。腾讯云AI拥有强大的底层算力资源，这些底层算力资源的供应主要基于腾讯的弹性计算、无线存储、加速网络和全域安全能力。

腾讯"一云三平台"架构中，"三平台"分别是算法平台、服务平台和开放平台，它们的具体情况如下：

● 算法平台：该平台的AI中台能力、算法核心框架、深度学习工具等都能通过技术手段不断完善，基于不断完善的算法平台可以打造一个从数据到算法模型的全流程闭环，并将AI能力真正应用到实际生活场景之中。

● 服务平台：腾讯的AI技术能力涉及语音、图像、视频、自然语言处理等多个方面，通过云服务的形式将这些AI技术能力提供给用户，可以大大降低AI的应用门槛。

● 开放平台：腾讯AI开放平台可以实现AI能力与产业的连接，推动AI技术的进步和AI应用的落地。

另外，腾讯云还计划与1万家企业合作，共同打造新型AI生态体，实现从技术研发到产业落地的闭环，形成相互协同、优势互补的AI生态格局，推动各行各业的智能化、数字化升级。

经过20多年的发展，腾讯在AI领域积累了大量经验和技术优势，拥有强大的AI技术和产品研发能力。以AI技术为例，目前，腾讯在全球累积申请的

AI专利已经超过6500项，已发表与AI相关的论文超过800篇，且这些论文均被国际顶级AI会议收录。

◆腾讯云AI产品矩阵

腾讯云的AI产品矩阵十分完善，涉及视觉服务、智能语音、自然语言处理等多个领域，在全球范围内处于领先水平。具体来说，腾讯提供的人工智能视觉服务有腾讯云神图、腾讯云慧眼、图像分析、智能识图、光学字符识别等，提供的智能语音产品有腾讯云语音识别、语音合成、机器翻译等，提供的自然语言处理产品有情感分析、智能分词、文本纠错等。

腾讯不仅拥有丰富的产品矩阵，同时也拥有多层次的AI平台。在腾讯云平台中，开发人员、算法工程师、合作伙伴可以相互交流和共同分享平台资源。在这些平台的支持下，AI应用的门槛将会大大降低，既能够加快开发者对AI应用的创新，又能够提升合作伙伴的AI开发体验，同时实现各方共享AI技术红利。

以TI Matrix为例，TI Matrix是腾讯云AI和腾讯优图协同打造的一种全栈式人工智能服务平台。该平台一方面能促进 AI 行业生态共建，另一方面能加速企业的数字化转型。在AI 应用开发过程中，TI Matrix平台能够实现算法、设备和数据能力的对接，满足不同应用场景的需求，同时支持灵活组装和可视化服务编排能力，并大大节省AI 应用开发成本。目前，TI Matrix平台业务涉及智慧城市、智慧交通、智慧园区、智能核保等多个领域，并与行业企业合作，实现了多个AI项目的规模化落地。

另外，为方便AI算法工程师的工作，腾讯云还专门打造了机器学习平台TI-ONE、弹性模型服务平台TI-EMS等一站式机器学习智能钛产品。

● TI-ONE平台拥有多种主流框架和算法组件，支持拖拽式可视化开发和Notebook交互式开发，并能为AI算法工程师提供全流程的开发支持，包括数据预处理、特征工程、模型构建、训练与评估、模型管理和部署等。

● TI-EMS平台支持多种模型的一键部署，具有版本管理、模型监控、灰度升级、自动调整弹性计算资源等多种功能，可以利用CPU/GPU推理加速镜像为算法工程师提供高性价比的推理服务。

◆腾讯云AI赋能众多领域

腾讯云拥有丰富的人工智能资源，目前，其正致力于将这种资源转化为服务能力，惠及智能制造、政务民生、医疗、教育、金融、企业、文旅等多个领域。

腾讯云与格创东智在智能制造方面进行合作，为华星光电打造了一款AI自动缺陷分类系统。该系统主要利用AI技术对液晶面板进行缺陷识别。华星光电通过利用该系统大大提高了缺陷检测效率。由于AI的缺陷识别速度要比人工判别速度提升5～10倍，因此，在这一系统的帮助下，华星光电的液晶面板生产周期缩短60%，人力缩减50%，极大地节省了成本、提高了效益。

腾讯云在政务民生方面的表现也非常出色。例如，深圳公安将腾讯云慧眼接入线上身份认证系统，使群众通过手机就能进行线上身份验证和办理民生业务，不仅为群众减少了办事成本、提高了办事效率，还提升了群众的整体满意度。在腾讯云慧眼的支持下，群众足不出户就能在线上一站式、全流程、智能化办理入户、驾驶证换领、港澳证续签等多种业务，极大地方便了群众生活。目前，深圳公安民生警务深微平台拥有超过1000万的用户和22700多家注册企业，平均每年实现网上事务办理量达1600万次，为群众节省办事成本10亿元。

此外，腾讯云在城市治理方面也有突出贡献。以腾讯云智天枢平台为基础，深圳成功地在坪山区打造出智慧城市智能感知中台。借助这一智能中台，深圳市在交通、水务、住建等多个领域具备数据结构化能力，提升了城市运营的整体效率。

阿里：基于阿里云的六大产业布局

阿里巴巴在电商、支付和云服务领域具有强大的资源优势，目前，其正在推动人工智能技术与这些领域的深度融合，从而将自身技术优势向多领域拓展。阿里巴巴公司将以阿里云为基础在六大领域进行产业布局，这六大领域分别是智慧金融、智能工业、智慧城市、智能零售、智能出行和智慧家居，如图3-1所示。

这六大产业布局分别有如下六个方面的进展：ET金融大脑、ET工业大脑、ET城市大脑、智能零售、智能出行以及智能家庭。

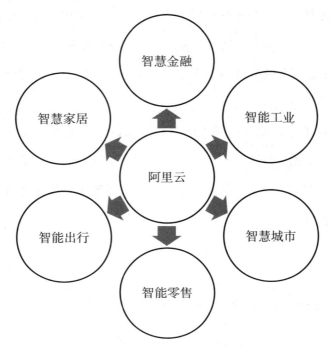

图 3-1 基于阿里云的六大产业布局

◆ET金融大脑

ET金融大脑有"承载中国金融行业最耀眼的变化"之美誉，是一种智能金融决策方案，主要应用于智能风控、千人千面、关系网络、智能客服等方面。

ET金融大脑可以为多种金融机构提供辅助服务，包括银行、证券、保险等，其主要的作用是对贷款、征信、保险等业务进行智能决策、风险控制和监督管理。ET金融大脑能大幅降低金融机构的资损率，提高投资预测准确率，促进金融机构在普惠金融方面的探索，包括互联网消费金融、中小微企业金融服务等。

◆ET工业大脑

ET工业大脑是阿里巴巴数十年努力的成果，集成了阿里巴巴的三大技术能力：一是领先的计算能力；二是先进的人工智能算法；三是完备的互联网安全体系架构。

ET工业大脑是一个开放的系统平台，主要面向工业领域的独立软件开发商提供定制化和个性化的解决方案。未来，在ET工业大脑的支撑下，客户只需要先借助数据工厂链接云端，然后再通过AI创作间设计出工厂的专属智能，就能打造出自己的智能工厂。

◆ET城市大脑

ET城市大脑是基于阿里云形成的一种人工智能公共系统。目前，该系统的规模位居世界第一，是全球最大的人工智能公共系统。

ET城市大脑是未来城市迫切需要的基础设施，它主要可以实现以下功能：一是全方位实时分析整个城市的动态；二是自动为城市配置公共资源；三是排除城市运行故障，修复城市运行问题。同时，它也能实现三大突破：一是实现城市治理模式的突破；二是实现城市服务模式的突破；三是实现城市产业发展的突破。

2017年10月，杭州正式上线了城市数据大脑1.0。城市数据大脑1.0通过云端控制杭州市的128个信号灯，使车辆通行时间减少了15.3%，使中河至上塘全长22公里的高架桥路段的车辆出行时间节省4.6分钟，使主城区的视频实时报警准确率达到95%以上，使萧山区的120救护车的救援时间缩短一半。

◆智能零售

智能零售被阿里巴巴誉为"史上最大规模人机协同"。例如，阿里巴巴的机器人客服"阿里小蜜"在2019年"双十一"期间共完成3亿次客户咨询，节省了8.5万名人工客服；阿里AI设计师"鹿班"在2018年"双十一"期间累计为20万企业和商家设计了近600万张图片。

◆智能出行

阿里云的AliOS的终极目标是驱动万物智能，其主要应用领域包括智联网汽车、智能家居、智能手机、智能平板电脑等，主要的作用包括：一是为行业提供一站式物联网解决方案；二是构建物联网云端一体化生态；三是使物联网终端更加智能。

AliOS将率先在汽车领域应用，以此为起点，创造一个全新的物联网操作系统。这一操作系统将与 PC 和移动时代的操作系统截然不同。目前，AliOS已经成为60多万辆汽车的"智能大脑"，99%的车主每天都会与其进行良好的互动。

◆智能家庭

阿里云借助"天猫精灵"打造了一站式开发平台，包括轻量级物联网嵌入式操作系统（AliOSThings）、云边端一体化计算平台（LinkEdge）、上层垂直行业开发平台、最上层行业Saas应用。这些平台与物联网云市场的连接都是由"天猫精灵"完成。2020年3月，互联网数据中心对外发布了《中国智能音箱市场的全年数据报告》。该报告显示，2019年，天猫精灵的智能音响出货量为1561万台，比上一年增长87.9%，位于中国市场第一名。

　　此外，阿里云还自主研发了一款超大规模通用计算操作系统——飞天操作系统。该系统可面向全球提供服务，把位于全球各地的百万台服务器连接起来，形成一台超级计算机，为整个社会提供计算能力。

　　飞天操作系统拥有强大的能力，主要包括以下几点：一是对百万台服务器的连接能力；二是单集群的规模可达1万台；三是运行10万个进程，可达毫秒级响应速度；四是具有EB级别存储空间，可存储十亿级文件数；五是通过人工智能ET可实现听、说、看、写等感知能力。目前，飞天操作系统已在全球16个地域展开应用，一共开放了33个可用区，已经为数十个行业提供了数百个解决方案，拥有超过百万的云计算付费用户，为全球数十亿用户提供计算支持。典型案例包括基于飞天操作系统的杭州ET城市大脑。

　　为了推动新基建，各地政府出台了很多利好政策。无论是为了抓住政策红利，还是为了谋求企业的长久发展，百度、华为、腾讯、阿里巴巴四大行业巨头加快布局。这四大行业巨头在人工智能领域深耕多年，研发出很多世界领先的技术与应用，并以此为基础形成了布局AI新基建的完整方案。这些方案各有特色。在这四大巨头的带领下，未来必将有越来越多的企业参与到AI新基建中来，推动AI新基建不断地向前发展。

第二部分 技术爆炸

第4章　底层架构：揭示AI产业链全景图谱

自人工智能出现以来，很多研究机构都试图给出准确的定义，但始终没有形成统一的认知。在我国，关于什么是人工智能，人们接受度更高的是电子技术标准化研究院给出的定义：人工智能是利用数字计算机或者数字计算机控制的机器模拟、延伸和扩展人的智能，感知环境、获取知识并使用知识获得最佳结果的理论、方法、技术及应用系统。现阶段，人工智能产业的发展仍处在以计算与感知为核心支撑技术的弱人工智能阶段。

按照技术成熟度与推广应用度的不同，人工智能每个发展时期都可以细分为四个阶段，分别是实验室阶段、试点阶段、推广阶段和普及阶段。其中，实验室阶段的重点是针对算法进行研究与训练；试点阶段的重点是将研究成果在大企业进行试点应用；推广阶段的重点是将技术在大中型企业推广应用，将云端资源集中在一起用于计算；普及阶段的重点是实现分布式计算，让技术在各个具体细分场景落地应用。

目前，我国人工智能发展正处在感知智能的试点阶段，试点领域包括智能硬件、机器人、虚拟场景、安防、虚拟服务和商业智能等。具体来看，人工智能产业链可以划分为三个层级，分别是基础层、技术层和应用层，如图

4-1所示。

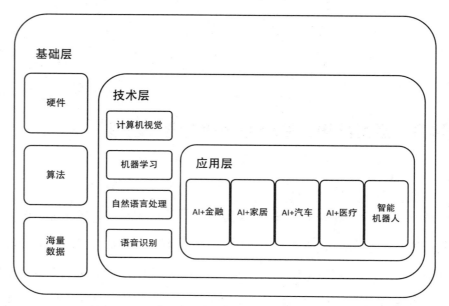

图 4-1 人工智能行业结构

　　基础层主要包括芯片、传感器、数据服务、云计算等应用，可以从数据与计算能力两个层面为人工智能的发展提供支持；技术层主要包括机器学习、计算机视觉、语音及自然语言处理等技术，以模拟人的智能相关特征为出发点，对关键技术及相关应用进行研究，为人工智能的发展构建技术路径；应用层集成了各种人工智能基础应用技术，面向特定的应用场景形成产品或方案，包括工业机器人、服务机器人、智能医疗、智能安防、智能家居、智能驾驶、可穿戴设备等。

基础层：AI产业的底座支撑

基础层的主要功能是对AI芯片、数据资源、云计算平台等硬软件进行研发，为人工智能产业的发展提供数据与算力支持。其研究成果主要包括三大类，一类是计算硬件，主要是AI芯片；一类是计算系统技术，包括大数据、云计算、5G通信；一类是数据的处理，包括数据采集、标注和分析。

◆计算硬件：AI芯片

人工智能产业的发展离不开AI芯片的支持。从广义上讲，能够运行人工智能算法的芯片都可以称为人工智能芯片。但一般来说，只有针对人工智能算法做了特殊加速设计的芯片，才能被称为人工智能芯片。目前，人工智能算法主要以深度学习算法为主，还包括其他的机器学习算法。在分类方面，

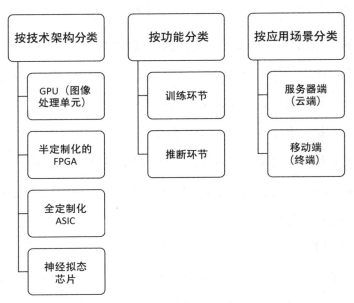

图4-2 人工智能芯片分类

人工智能芯片的分类方式有很多，目前主流的方法有三种，分别是按技术架构分类、按功能分类、按应用场景分类，如图4-2所示。

从整个生命发展周期来看，我国人工智能芯片行业的发展正处在幼稚期，主要表现为国内人工智能芯片市场正处在快速增长阶段，传统芯片的应用场景逐渐被人工智能芯片取代。随着市场上的云计算、边缘计算、智能手机、物联网产品的数量持续增长，市场对人工智能芯片的需求也在持续增长。在此期间，致力于研发AI芯片的企业越来越多，国内很多企业都研发了自己的专用芯片。

虽然传统芯片正在被人工智能芯片取代，但集成商或传统芯片企业仍可以不断探索新的合作模式，以便更好地把握用户需求。但开发新客户，与新客户合作开发新产品，对于芯片企业来说也存在比较大的难度。在这种情况下，芯片企业可以相继推出开源或开放平台，支持客户开发新需求。

◆计算系统技术：大数据、云计算和5G通信

人工智能产品的研发与落地离不开大数据、云计算与5G通信的支持。随着积累的数据越来越多，企业开始尝试用大数据做一些过去只有人才能完成的事情。以数据为基础，辅之以云计算带来的数据资源与能力，通过程序设定对周围的环境变化做出一定的反应，从而推动人工智能落地应用。在这个过程中，5G的主要功能就是让终端用户始终处于联网状态，让信息通过5G网络实现快速传播与交互。

（1）大数据

目前，我国正在从数据大国向数据强国发展。国际数据公司IDC和数据存储公司希捷发布的报告显示，随着物联网等技术不断推进，到2025年，我

国产生的数据量将超过美国，从2018年的7.6ZB增至48.6ZB，届时，数据交易将进入战略机遇期。根据贵阳大数据交易所发布的数据，未来五年，中国大数据产业规模将持续保持高速增长，2020年达到13626亿元左右。

（2）云计算

近几年，我国云计算产业的发展速度越来越快，多个城市围绕电网、交通、物流、智能家居、节能环保、工业自动控制、医疗卫生、精细农牧业、金融服务业、公共安全等领域推出了试点与示范项目，取得了一定的成果，将催生一个规模庞大的应用市场。

（3）5G通信

2019年6月6日，工信部正式向中国电信、中国移动、中国联通、中国广电发放5G商用牌照，标志着我国正式进入5G商用阶段。5G的应用场景大幅拓展，逐渐从移动互联网转向移动物联网，构建一个集高速、移动、安全、泛在等特征于一体的新一代信息基础设施。与此同时，在5G的推动下，很多行业将加快数字化转型步伐，工业互联网、车联网等行业将进一步拓展市场，迎来新的发展机遇，为数字经济的发展提供强有力的支持。

◆ **数据：数据采集、标注和分析**

目前，人工智能产业的发展已经进入量变阶段，并将借助大量数据完成质变，突破现有的发展瓶颈。在这种情况下，数据标注与采集行业应运而生。数据采集、标准与分析面向的是文本、图像、视频、语音等数据，具体分类见表4-1。

表4-1 数据采集、标准与分析内容

数 据	采 集	标 注
图像、视频数据	人脸、人体、车辆、服饰、冰箱食品、动物、植物、商标、场景、手写体、印刷文字等	支持2D及3D图像或视频的标注，包括分类、属性、关键点、框位置、轨迹跟踪、语义理解、多设备关联标注等
语音数据	普通话、各地方言、少数民族语言、各洲语系	对单段落、多段落等进行语音内容、发音人性别、口音、语速、情感、噪音等方面的标注
文本数据	互联网实网文本、知识图谱、平行语料库、家居车载等特定场景问句	对文本进行分词、语法、情感、事件要素、语种互译等不同层级标注

技术层：AI智能的三个层次

在人工智能产业整个体系架构中，技术层建立在基础层之上，主要以基础层的运算平台和数据资源为依托，进行海量识别训练与机器学习建模，开发面向不同领域的应用技术，具体包括三个层次，分别是运算智能、感知智能和认知智能，如图4-3所示。

（1）运算智能

运算智能，指的是快速计算和记忆存储的能力。目前，与人工智能有关的各项技术呈现出发展失衡的特点。现阶段，在计算机领域，运算与存储能力取得了长足发展。以IBM的深蓝计算机战胜国际象棋冠军卡斯帕罗夫为标志，机器的强运算能力就已远超人类。经过几十年的发展，机器的强运算能力早已不是人类可以较量的。

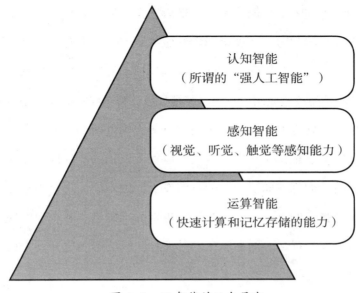

图 4-3　AI 智能的三个层次

（2）感知智能

感知智能，即视觉、听觉、触觉等感知能力。人和动物都具备感知能力，可以通过感知能力与外界交互。但人的感知是被动进行的，机器却可以主动感知，例如自动驾驶会通过激光雷达等设备主动感知周边环境。所以，相较于人类来说，机器的感知能力更加强大，而且在各种新型感知设备与人工智能算法的辅助下，机器的感知智能越来越接近人类。

（3）认知智能

认知智能，即所谓的"强人工智能"。认知智能可以将人工智能与意识、感性、知识、自觉等人类特征联系在一起，具备理解、思考等能力。机器想要实现认知智能，不仅需要掌握大量常识性知识，而且需要模仿人的思维模式、知识结构进行言语理解与视觉场景分析，做出决策。

目前，国内的人工智能技术主要聚焦三大领域，分别是计算机视觉、自然语言处理和机器学习。计算机视觉领域的研究方向主要是动静态图像识别和人脸识别，受技术条件限制，动态监测与识别发展缓慢，静态图像识别与人脸识别已经开始落地应用，百度、旷视科技、格灵深瞳等企业是典型代表。

在自然语言处理方面，语音识别与语义识别是两个主要方向。其中，语音识别的关键在于积累大量样本数据，以保证识别的准确性。目前，国内很多语音识别技术商都在向平台化的方向发力，以不同的平台为依托，在各种软硬件设备与技术的支持下，不断提高识别的准确率。各企业的通用识别率基本维持在95%左右，区别主要在于对垂直领域的定制化开发方面。该领域的代表企业有科大讯飞、思必驰、云知声等。

在机器学习方面，目前，机器学习主要聚焦于算法，但深度神经网络、卷积神经网络及循环神经网络等主流算法都需要构建庞大的神经元体系，以及投入大量资金，所以主要是互联网巨头在该领域布局。因为各巨头公司所涉及的业务领域以及未来的战略布局有很大区别，所以其在机器学习领域布局的侧重点也表现出了明显的差异。各公司在研发基础算法的同时，也会关注机器学习在特定行业的应用。以京东为例，京东DNN实验室一直致力于神经网络算法的研究，并将研究成果应用于智能客服领域。

应用层：AI技术的商业化落地

在人工智能的体系架构中，应用层建立在基础层与技术层的基础之上，不仅与传统产业实现了融合发展，而且在不同场景实现了落地应用。随着深度学习、语音识别、计算机视觉等技术不断发展，人工智能在各个垂直行业的落地速度将持续加快，对传统的医疗、农业、教育、金融等行业进行重塑。

◆AI+金融

目前，在机器学习、自然语言处理、知识图谱和计算机视觉等技术的支持下，人工智能已经在金融行业落地应用，并得到了一系列新成果，包括智能投顾、风险管控与智能客服等。

（1）智能投顾

传统投资研究存在两大问题，一是数据不够丰富，二是模型的好坏在很大程度上依赖分析师对数据的敏感度。随着深度学习算法、图像识别技术以及语义理解技术在金融行业落地应用，这两大问题可以得到有效解决，所获收益将持续增长。

（2）风险管控

在人工智能技术的辅助下，金融机构可以利用图像识别、语义理解等技术对投资方与融资方的数据进行深入挖掘，在最大程度上解决金融行业的信息不对称问题；对多个渠道的量化资料进行整合；对金融风险进行科学预测；利用深度学习算法对金融风险管理模型进行优化，构建一个科学完善的风险管控体系。

（3）智能客服

金融机构可以利用人脸识别、语音识别、语义理解等技术，为用户提供全天候的业务查询与问题解决，让客户享受到更高质量的服务，切实提升用户的满意度，增强用户黏性。目前，光大银行、交通银行等金融机构均已引入智能客服。

◆AI+家居

智能家居是面向住宅场景，在人工智能、网络通信、综合布线等技术的支持下，将家居生活涉及的各个子系统有机结合在一起进行统筹管理，切实提高家居生活的舒适度、安全性与智能化程度。

目前，人工智能与家居融合的着力点有两个，一是智能设备，二是智能中控。在智能设备方面，海尔、美的等传统家电企业积极引进人工智能技术，将其与自有渠道、技术、配套产品相融合，积极研发智能家居产品，建立了一个实体化的智能家居产品生态。在智能中控领域，阿里巴巴、京东、小米等互联网企业利用平台内数据与积累的终端资源积极开发软硬件，为智能家居产品的研发提供支持。

◆AI+汽车

人工智能与汽车融合最直接的产物就是无人驾驶汽车。无人驾驶汽车指的是通过人工智能、监控装置、感知设备、全球定位系统相互协作，让系统在无人干预的情况下自动操控车辆行驶。简单来说，无人驾驶汽车就是利用人工智能技术将传统汽车改造成一台轮式机器人。

随着人工智能技术不断发展以及在汽车领域的深入应用，无人驾驶汽车已经开始实现商业化。无人驾驶汽车以人工智能技术为依托，利用机器视觉技术感知周边环境，利用深度学习算法进行思考、决策，从而实现安全驾驶。无人驾驶汽车实现了对机器视觉、规划导航、人机交互、智能控制等技术的集成应用，在这些技术的推动下迈入产业化发展阶段。

◆AI+医疗

随着人工智能技术不断发展，我国人工智能医疗进入爆发式发展阶段。目前，由于医生资源短缺，我国很多地区存在严重的"看病难"问题。随着人工智能与传统医疗深度融合，智能医疗资源凭借良好的可复制性，可以有效解决优质医疗资源短缺问题。

随着语音交互、计算机视觉和认知计算等技术不断发展，人工智能医疗领域的各项应用都将逐渐落地，包括语音录入病历、医疗影像智能识别、辅助诊疗、癌症诊断、个人健康大数据的智能分析等。

◆智能机器人

为了满足工业发展以及人们日常生活对智能机器人的需求，目前，我国智能机器人研发主要集中在三个方面，分别是家庭机器人、工业企业服务机器人和智能助手。其中，大多数企业都在从事家庭机器人和智能助手研发工作。

随着人工智能技术在智能机器人行业深入应用，整个机器人产业将逐渐得以重塑，并推动相关应用逐渐落地。智能机器人行业涵盖了人机交互及识别、环境感知、运动控制三大模块，其中人机交互及识别模块对语音识别、语义识别、语音合成、图像识别、机器学习、自然语言处理等技术实现了集成应用，可以模拟人类的意识及思考过程，让机器人具备学习、推理、思考、规划等行为与能力。

综上所述，人工智能产业链主要涵盖三个层级，分别是基础层、技术层和应用层。基础层是支撑人工智能应用的前提，各种硬件设备为整个人工智能的运算提供算力，是国际IT巨头布局最多的一个领域；技术层是人工智能发展的核心，在很大程度上决定着应用层产品的智能化程度；应用层可以按照应用对象分为消费级终端应用和行业场景应用，前者如智能机器人，后者如AI+汽车、AI+医疗等，无论哪种类型的应用，都可以用智能化手段提高应用效率，创新应用模式。

第5章 实现路径：AI的核心技术及其应用

计算机视觉技术

计算机视觉（computer vision，CV）是一门研究如何使计算机具备像人眼那样的视觉功能的科学。其主要原理在于利用摄像机和电脑来代替人眼，使得计算机具备像人类视觉那样可以对各种目标进行识别、分辨、跟踪、判断和决策的功能。

计算机视觉的相关技术包括图像处理技术、信号处理技术、概率统计分析技术、计算几何技术、神经网络技术、机器学习技术等。借助这些技术，计算机能够实现对各种视觉信息的分析和处理。可以说，它是利用计算机技术和设备对人类视觉的一种模拟。作为人工智能领域的重要组成部分，计算机视觉能够使计算机基于二维图像认知三维环境信息。

◆人工智能与计算机视觉

计算机视觉与人工智能之间既有联系，又有区别。人工智能是让计算机去理解图像、语音和文字，主要涉及看、听、读三种感知方式。而视觉是人工智能领域的核心，是让计算机实现起来最困难的部分。人类视觉所能感知到的信息占所有感知信息的80%左右，因此，计算机要模拟人类视觉在技术上需要攻克更多的难题。人工智能的革命将从计算机视觉开始，这是其他领域无法胜任的角色。

人工智能非常重视计算机的推理和决策能力，而计算机视觉还没有达到这个阶段，它主要处于表达图像信息、识别物体的阶段。计算机要识别物体和理解场景也需要对图像特征进行推理和决策，但这种推理和决策与人工智能的推理和决策是有区别的。计算机视觉和人工智能之间主要有以下三方面的关系：计算机视觉是实现人工智能需要解决的一大难题；计算机视觉是人工智能变革的重要引擎，人工智能的许多技术和应用都是从计算机视觉衍生出来的，然后再重新运用于人工智能领域中去；计算机视觉的实现要基于大量人工智能的应用。

◆计算机视觉技术的原理

计算机视觉能利用各种成像系统发挥视觉器官的作用，将各种视觉信息存储到计算机内，并利用计算机发挥人脑作用，实现对这些信息的处理和解释。计算机视觉的终极研究目标是使计算机拥有类似于人类的视觉功能，使机器能像人一样观察和理解这个世界，并能自主适应周围的环境。不过，在实现这一终极目标之前，人类需要先完成计算机视觉的中期目标，即使计算机视觉系统能利用某种程度的智能，基于视觉敏感和反馈，完成一定的任务。

以自动驾驶汽车的视觉导航为例。毫无疑问，自动驾驶汽车的视觉导航是计算机视觉的一个非常重要的应用领域。目前，自动驾驶汽车的视觉导航系统还无法像人那样识别和理解周围环境。因此，人们正在努力进行相关研究，力求使自动驾驶汽车具有道路跟踪能力，开发出规避行人、车辆和其他障碍物的安全可靠的视觉辅助驾驶系统。

另外，还需要指出一点：要让计算机在视觉系统中代替人眼的作用，并不意味着一定要让计算机按照人类视觉处理信息的方法来处理视觉信息。一般来说，计算机视觉只需要根据计算机系统自身的特点来处理视觉信息即可。

如果有人问世界上最强大、最完善的视觉系统是什么，根据迄今为止的认知，答案一定是人类视觉系统。无疑，人类对自身视觉处理机制的研究能够在一定程度上启发和指导计算机视觉的研究。同样，利用计算机信息处理技术和方法研究人类视觉的机理并建立相关的计算理论，也是一个非常重要和有趣的研究领域。

◆ 计算机视觉的应用领域

计算机视觉主要应用于以下领域：一是对照片、视频资料的解释，如对航空照片、卫星照片、视频片段等的解释和精确制导；二是移动机器人视觉导航；三是医学辅助诊断；四是工业机器人的手眼系统；五是地图绘制；六是物体三维形状分析与识别；七是智能人机接口。

早期，利用计算机视觉系统处理数字图像的主要目的是提高照片的质量，在这个过程中，需要利用到各种数字技术对航空图片、卫星图片等进行辅助处理。具体来说，就是进行图片的读取、判别和分类。不过，在实际操作中，需要判读的照片数量巨大，于是，人们开始想方设法创造出一种自动的视觉系统来代替人类完成这项工作。在此背景下，设计者们纷纷投入到视觉系统的研发之中，并催生出专门用于判读航空照片和卫星照片的各种视觉系统和方法。

自动判读只是视觉系统需要完成的第一步，接下来还要进一步确定目标的性质，这就需要引入实时自动分类功能，并将视觉系统与制导系统相结合。目前，普遍使用的制导方式有三类，分别是激光制导、图像制导和电视制导。例如，导弹系统就会利用到图像制导，即利用图像来进行精确制导，不过这种制导方式还需要与惯性制导相结合。计算机视觉在工业机器人手眼系统中的应用也非常成功。在工业生产中，光照条件、城乡因素等诸多因素都是可控的，这大大简化了对计算机视觉的功能要求，更加便于形成可靠的工业机器人手眼系统。

与工业机器人相比，移动机器人对计算机视觉的功能要求更加苛刻，因为移动机器人具有行为能力，在解决计算机视觉问题的同时还要解决行为规划问题，或者说要让计算机视觉对周围环境进行理解。随着移动机器人的发展，人们对计算机视觉的功能要求也越来越多，比如要求计算机视觉具备道路跟踪、目标识别、障碍回避等诸多功能。现阶段，人们主要采用遥控和远视的方式来设计移动机器人视觉系统，整体的研究尚处于实验阶段。

计算机视觉在医学上的应用主要涉及压缩、存储、传输、分类、判读等功能。对医生来说，计算机视觉还可作为一种辅助训练手段。此外，计算机视觉还可用于三维结构的快速重建。长期以来，地图绘制都是一件费时费力的工作，需要投入大量的人力、物力和时间。传统的地图绘制工作都是由人工测量并绘制完成。随着绘制技术的突破，地图绘制的效率有了较大的提高，主要利用航测和立体视觉技术来绘制地图。在绘制地图过程中，绘制员会利用立体视觉技术将航测数据生成物体三维形状，同时利用计算机视觉对这些物体三维形状进行分析与识别，提取和表示景物的特征，存储、检索和匹配识别相关知识，形成三维景物分析系统。

近年来，生物特征识别技术获得快速发展和应用，并受到社会各界的广泛重视。生物特征识别技术主要是对人的面部、虹膜、指纹、声音等特征进行识别，这些识别大多都需要利用到视觉信息。生物特征识别技术可以用于构成智能人机接口。

目前，除了一些高端工业计算机和特殊仪器外，计算机与人之间的交流仍处于机械式阶段。台式电脑、笔记本电脑等普通计算机还无法自动识别用户的真实身份，输入手段依然以键盘、鼠标为主，其他方式尚不成熟。将计算机视觉应用到计算机上，可以通过检测用户是否存在改变计算机的运行状态，通过对人的面部、虹膜、指纹、声音等特征的识别鉴别用户身份，同时也能通过识别用户点头、摇头等身体姿势给出合理化建议。另外，基于计算机视觉的人机交互方式，还可应用于入口安全检测、边境人员验放等多种场合。

机器学习技术

作为人工智能的核心，机器学习是涉及统计学、概率论等多门学科的多领域交叉学科。它主要研究的是计算机对人类学习行为的模拟和实现，即计算机如何通过对大量数据的搜集和分析来提高自身的性能。比如，当机器学习系统获得一个关于信用卡交易的数据库信息后，就可以进行信用卡欺诈方面的预测。

如今，机器学习的应用已经遍及人工智能的各个领域。凡是产生庞大数据的活动，几乎都有机器学习的发挥之地。而且，能够获得的有效数据规模越大，机器学习的价值往往越不容小觑。

◆应用领域1：人工智能助理

苹果公司开发的Siri、微软公司推出的小冰、百度出品的度秘等都是典型的人工智能助理。其使用往往是通过语音识别、自然语言处理等方式与用户沟通。比如，当用户提出航班查询、日程安排、闹钟设定、待办事项提醒等问题时，人工智能助理就可以进行相关数据处理并回应用户需求。

虚拟人工助理运行的关键就是机器学习。正是依托机器系统强大的数据搜索和处理能力，虚拟人工助理可以准确地理解用户的多种需求，为用户提供具有针对性的个性化服务。

◆应用领域2：预测交通态势

城市交通拥堵带来的市民出行难问题，给城市交通管理部门带来了极大的挑战。而协助城市交管部门实现智能高效管理，基于机器学习的"智慧交通"功不可没。

机器学习可以在分析历史交通数据的基础上建立交通模型，从而对车流、人流的情况进行分析和预测，并进行相应的调整。比如，有些城市推出的路口摄像头解析技术，可以根据实时的人流、车流等信息优化路口信号灯的参数，提高交通运行的效率，改善城市的交通拥堵状况。

◆应用领域3：智能视频监控

城市视频监控的应用愈来愈广，随之产生的视频数据更是海量。面对如此庞杂的数据，如果想快速、高效地获得需要的信息，最大化地发挥其中的价值，必然要通过足够智能化的解决方案。

以机器学习为基础的智能分析系统，不仅具有超强的数据处理能力，而且可以根据需求融合其他软件的多种业务功能。可以说，智能视频监控所具有的不只是精准的数据采集能力，还包括高效的数据处理能力，让用户得以准确、全面地获得需要的信息。

◆应用领域4：智能客服系统

在市场竞争日益激烈的大环境下，与商品销售相配套的客户服务愈来愈被企业重视。随着人工智能和移动互联网的发展，传统的人工客服体系已经难以满足企业业务发展的需求，智能客服系统则体现出了其难以匹敌的价值。

比如，当我们在电商平台购物时，往往需要对商品的信息等进行咨询，这对于单一的人工客服而言工作量极其巨大。智能客服系统不仅可以随着与客户的沟通搜集更多信息，为用户提供更加人性化、个性化、智能化的解决方案，还可以根据实时需求合理进行售前、售后等分工，而这一系列的实现也均是由机器学习驱动的。

◆应用领域5：搜索引擎优化

搜索引擎优化是指在自然搜索结果的基础上，进行一系列调整优化，从而改进关键词在搜索引擎中的排名。因为信息的流动性，搜索引擎的搜索结果也需要不断更改，所以搜索引擎的优化是持续进行的，而非一劳永逸。

当用户进行关键词搜索时，搜索引擎后端的算法便会留意到用户的行为；当用户在某个搜索页面停留的时间更长时，后端算法便倾向于认为这样的搜索结果与用户需求的匹配度更高，继而提高其搜索排名。

◆应用领域6：智能金融反欺诈

人工智能已经深度渗透进了金融行业的各个领域，比如信息挖掘、移动支付、客户服务、产品开发、风险控制等，可以说人工智能金融是大势所趋。

另外，值得关注的是，人工智能不仅可以应用于金融业务本身，其在预防金融犯罪方面的作用也不容小觑。比如，2019年1月20日，电商平台拼多多被"羊毛党"利用其系统漏洞盗取优惠券，进行不正当牟利，致使平台损失惨重。基于机器学习的智能金融反欺诈系统，在类似事件的预防和应对方面将能发挥巨大的作用。

自然语言处理技术

自然语言处理（natural language processing，NLP）是计算机科学领域与人工智能领域中的一个重要研究方向，它研究人与计算机之间以自然语言为媒介沟通的理论和方法。其涉及的领域涵盖了语言学，但又与传统的语言学有很大区别，其目的不在于研究单纯的自然语言，重点是通过与计算机科学等学科的融合，设计出能够实现有效自然语言通信的计算机系统。因此，自然语言处理对人与计算机之间的交互方式有十分重要的影响。

语言是人类区别其他动物的本质特性。人类的语言经过数千年的发展，不仅承载着非常丰富的信息，也与人类的多种智能活动有着极其密切的联系。而自然语言处理将跨越人类通信与数字数据之间的鸿沟，成为人工智能的核心组成部分，主要应用领域分析如下：

◆机器翻译

机器翻译，也称为自动翻译，是计算机系统将不同自然语言（自然源语言和自然目标语言）进行转换的过程。

随着经济全球化和互联网的飞速发展，国际的联系越来越紧密，人们接触到的信息量更是急剧增加，传统的人工翻译方式已经难以满足人们对于处理庞杂信息的需求。机器翻译作为人工智能的重要组成部分，不仅具有重要的科学研究价值，在促进政治、经济、文化发展等方面也起到了至关重要的作用。目前，谷歌、百度、网易等国内外大型互联网企业都推出了自己的机器翻译工具，依托强大的平台优势和人工智能发展实力，其机器翻译工具兼具了高效性和准确性，满足了人们对于多语言快速翻译的需求。

◆反垃圾邮件

电子邮件如今已经成为网络交流的重要工具，但随着互联网的发展，垃圾邮件的数量也越来越多。大量垃圾邮件的出现不仅会给个人和企业造成严重的损失，也可能成为计算机病毒的主要传播途径，扰乱网络秩序。

通过一般的垃圾邮件过滤工具确实可以过滤掉大量垃圾邮件，但由于其设计往往是比较简单的"关键词过滤"，所以准确性方面存在比较大的问题。一方面，正常邮件中如果含有该类关键词，会被误判为垃圾邮件；另一方面，垃圾邮件中的关键词如果进行伪装处理，则会被过滤系统放过。

自然语言处理在反垃圾邮件方面比关键词过滤更加智能，它通过对邮件内容的分析来判定其是否为垃圾邮件，具有比较高的准确性。比如，备受关注的贝叶斯过滤器就是基于自我学习的智能技术，通过对大量垃圾邮件和正常邮件的处理，搜集其中的垃圾词库和非垃圾词库，然后再做出目标邮件是否为垃圾邮件的判定概率。

◆ 信息提取

由于金融领域的高变动性和不可控性，由个体的人进行决策往往会具有比较高的失误率。而以算法交易（也称为自动交易、黑盒交易）等进行的决策被越来越多地应用到金融领域，比如购买基金、投资银行等活动中，算法交易可以对大额的资金进行分割，以应对市场风险和冲击。

自然语言处理在其中则可以充分获得有效的信息，比如政策公告、交易参与者、收购价格等，将其输入算法交易中，从而带来比较可观的收益。

◆ 文本情感分析

移动互联网的发展使得人们可以获得海量的信息，信息过载已经成为一个不容忽视的现象。对个体而言，处理如此繁杂的信息几乎是不可能完成的任务，而且有时候信息的复杂性也会增加个体处理的难度。

自然语言处理所能做的便不仅是搜集到充分的信息，而且可以从中识别出更加深层的因素，类似文本中蕴含的情感，其功能也具有巨大的市场潜力。比如，在商品的买家评价或企业的市场反馈信息中，可以挖掘到更多深层有效的价值。

◆自动问答

在搜索或者电商等平台中，人们要获得更加精确的信息，依靠传统的搜索引擎技术或者人工客服问答已经难以满足需求，而基于自然语言处理的自动问答技术可以有效解决这一问题。

自动问答，顾名思义，就是计算机可以主动地回答客户的问题、回应客户的需求。首先，它能正确分析用户的问题，提取出有效的信息，然后在系统的知识库中进行检索和匹配，从而给出正确回应，像人一样理解和回复客户的问题。

◆个性化推荐

相关平台的大数据中囊括了用户的历史行为记录，自然语言处理则可以从中筛选出用户的兴趣爱好、购物记录、浏览时长等，从而对用户的意图有比较精准的理解和把控，进而制定针对性、个性化的推荐方案。

比如，电商平台根据用户的浏览记录和购买行为猜测用户的购物偏好，进行精准的商品推荐；社交网站可以根据用户的关注分布和使用的移动设备型号等分析用户从属的行业，推送用户想要关注的信息；媒体平台可以根据用户的阅读时长、评论习惯等进行新闻定制服务。

自然语言处理的最终目标是使计算机能够像人类一样理解自然语言，进而实现高度智能化。当然，自然语言处理的应用不仅限于以上场景，未来其必然面对更大的挑战，拥有更广阔的发展空间。

智能机器人技术

作为计算机科学的一个分支，人工智能从诞生以来，理论和技术便有了飞速发展，其应用领域更是不断壮大。目前机器人已经成为人工智能的重要研究领域，人工智能与机器人的结合，不仅能完成更加复杂、困难的工作，而且可以为经济社会的发展提供强大助力。

在与人工智能结合之前，机器人领域的发展大致经历了三个阶段：

● 第一阶段是机器人的最初始阶段，主要体现机器的机械性和结构性，比如为了适应崎岖山路运输的机械。

● 第二阶段是在机械结构基础上添加进内部动力的阶段，比如蒸汽机等的使用。

● 第三阶段不仅采用了大规模集成电路，而且进行了比较固定的程序设定，也具备了相对初级的计算能力，能够在既定模式下进行一系列的机械操作，比如遥控无人机、数控机床等。

而人工智能的参与，则使得机器人的发展实现了质的飞跃。智能机器人以高度集成、高度灵敏的人工智能神经单元为基础，具有超强的自主学习能力，能够在多种复杂场景中发挥其极致效用。

◆智能机器人的研究方向

智能机器人的研究方向主要有三个：

（1）模式识别

模式识别作为计算机技术的一种，是利用计算的方法将相同特征的样本划分到同一类别中。在人工智能系统中，借助先进的计算机技术，计算机系统可以模拟人类对于外部世界的感知，建立完善的智能识别系统。

智能机器人模式识别以图像处理与计算机视觉、语音语言信息处理、脑网络组、类脑智能等为主要研究方向，该过程需要进行信息提取、信息处理、模式分类等多个步骤。智能机器人模式识别的应用领域包括人脸识别、语音识别、文字识别等。

（2）机器视觉

机器视觉技术要实现的不仅是使机器人具备人类视觉的识别功能，而且需要探索识别基础上的理解功能。即智能机器人在捕捉到外界的图像信息后，能够对其进一步进行探索分析，获得更全面的追踪结果。机器视觉的研究，拥有非常广阔的发展空间，是智能机器人的重要研究方向。

机器视觉作为一项涵盖图像处理、光学成像、传感器、机械工程技术、电光源照明、模拟与数字视频技术、计算机软硬件技术等综合技术，目前正处于快速发展当中，其技术可以应用到交通、科研、军事、医药、农业等国民经济的各个行业。在一些不适合人类工作的领域，机器视觉的发展将代替人类视觉。

例如，在高温、高辐射等不适合人类工作的环境中，机器视觉可以代替人类进入工作区域，完成生产任务。对于一些微小物件的精密测量，机器视觉的表现也比人类视觉更加出色。凭借较宽的光谱响应范围，机器视觉可以捕捉到人眼无法识别的细节，让检测结果更加精准。

（3）分布式人工智能

分布式人工智能研究的初始目的是建立一个由多个协同合作的子系统构成的协作系统。子系统科学合理的分布不仅能够充分捕捉到需要的信息，而且能协同合作提高效率，适应更加复杂多变的环境。例如，在金融风险防控领域，对金融市场发展态势的精准评估是做出科学决策的重要前提。利用分布式人工智能可以构建一个由多个子系统构成的协作系统，将金融市场发展态势评估问题分解成N个子问题，然后将这N个子问题作为N个子任务分配给N个相应的子系统，这些子系统相互协作得出一个相对准确的结论。但对目前的分布式人工智能而言，其发展还存在一些亟须改进的地方，尤其是各个子系统无法独立工作，这降低了分布式人工智能系统的灵活性和机动性。

◆ 智能机器人的实际应用

（1）人工神经网络在机器人定位与导航中的应用

人工神经网络即机器视觉研究的应用，指的是对人类的视觉神经系统进行模拟，使其进行信息的采集和处理。人工神经网络技术的应用具有明显的优势。比如：对于缺乏模型和明显规则的视觉信息，一般的机器计算难以处理，人工神经网络技术则可以对其进行精准、高效的处理；人工神经网络技术的信息融合性更强，能够提供更加全面的信息；对非线性系统而言，人工神经网络技术使得信息的描述更加统一。

人工神经网络在信息感应、信息传输以及数据处理等方面的功能，使得其能完美地应用于机器人定位与导航中，大大提升了机器人定位与导航的准确性。

（2）专家系统在机器人控制中的应用

随着社会的发展和机器人应用领域的扩大，人们对智能机器人的要求不断提高，智能机器人所取得的成果也越来越多。智能机器人虽然能够模拟人类进行感觉、识别、推理和判断，但由于智能机器人的动力学特性和环境的复杂性，有时并不能进行准确的参数设定。将专家系统引入智能机器人的控制中，则可以降低机器人的运算量，有效提升其反应速度。

（3）进化算法在机器人路径规划中的应用

路径规划作为运动规划的主要研究内容，在多个领域都有广泛应用。比如：GPS导航、城市道路网规划导航，以及无人机的避障突防飞行、机器人的自主无碰行动等高新科技领域。路径规划的方法很多，智能机器人的路径规划是以机器人的智能化为最终目的，进化算法在机器人路径规划中的应用，将有效地处理传统算法难以解决的复杂问题。

语音识别技术

语言是人类的交际工具，而人工智能的实现则需要使机器能够识别和理解人类的语言。人类语言的交流是基于一套具有共同处理规则来进行表达的沟通指令，而人机语言交互依赖的则是语音识别技术。

语音识别技术，也称自动语音识别（automatic speech recognition，ASR），其目的是将人类的语言单位转换为计算机可以读入的编码或序列等。移动互联网的快速发展和数据处理技术的进步，带来了海量的数据，而语音识别技术将拥有广阔的发展空间，如今在工业、通信、医疗、家庭服务等领域都已经不难发现语音识别技术的身影。

人类的语言虽然具有一定的稳定性，但仍然会因为交际双方的语言背景、经验范围、交流环境等因素的影响使得信息沟通不畅，让机器精准识别人类的语言更加困难。由于语言本身的复杂特性，以及语言传达个体存在声音、语速、语调、口音等方面的不同，语音识别技术的发展容易受到比较大的制约。

语音识别系统的构建大致可以分成两大块：语音的训练和语音的识别。

语音的训练可以理解为机器进行声学特征提取，从而构建其声学模型和语言模型。这一部分通常是离线完成的，一般贯穿于语音识别系统运行的始终，因为其训练往往不能一蹴而就，需要一个不断完善的过程。

与语音的训练不同，语音的识别是在线完成的，是对用户输出的语音进行实时识别。其实际上也可以分为两个步骤："前端"和"后端"。"前端"模块可以理解为语音的初步处理，即去除无意义的音节、进行降噪和特征提取等；"后端"模块则可以理解为"解码"的过程，即通过语音识别系统的声学模型和语言模型分析用户输入的语言，得到其中的信息。

此外，"后端"模块除"解码"外，还可以通过对用户语言的学习，修改、完善系统的声学模型和语言模型，提高语音识别系统的准确性。

语音识别技术涵盖的领域有人工智能、信息论、概率论、模式识别等，其主要的技术则包括特征参数提取技术、模式匹配技术和模型训练技术。其中，特征参数提取技术是在语音信号中提取出有用信息参数的技术，通过进一步的分析处理筛选出其中的关键信息；模式匹配技术是将获取的未知模式基于系统规则标准与系统模型进行匹配的技术；模型训练技术是在大量已有模式的基础上，提取出能够代表其本质特征的模型参数的技术。

2000年以后，语音识别技术获得了比较快速的发展，如今其识别的准确性已经达到了比较理想的水平。在电脑、智能手机、智能音箱等设备中基本都配备了语音识别技术，以往操作十分烦琐的程序依靠一条语音输入便能轻松解决，使用十分便利，大大提升了用户的满意度。相信随着人工智能的发展，未来语音识别技术将拥有更广阔的施展空间。

人工智能这五大核心技术已经实现了落地应用，形成了各自的产业链，在医疗、交通、金融、教育、工业、安防等领域均有不俗的表现，将人类从危险、重复、高压的工作环境中解脱出来，不仅保证了工作人员的人身安全，而且极大地提高了工作效率。未来，随着技术愈发成熟，这五大核心技术将在更多行业得到应用，使传统行业实现创新发展，为新基建的推进提供更强有力的技术支持与应用支持。

第6章 乘法效应：从技术聚变到商业裂变

AI×5G：迈向智能互联时代

在大数据的驱动下，人工智能、自动驾驶、5G等领域都将迎来巨大的发展机遇，相关应用正在加速落地，为人类社会发展面临的很多难题提供有效的解决方案。而随着人工智能与5G技术不断发展，这两项技术将各自建立起庞大的产业圈，并有望深度融合，引发巨大的经济效应与社会效应。

◆ "AI×5G" 开启智联互通新时代

万物互联时代的到来离不开5G与AI的支持，其中5G将发挥基础支撑作用，AI将发挥助推器的功能。作为新时代的生产力，5G与AI的发展将带动整个社会的生产方式发生变革，使生产力水平持续提升。在5G与AI的相互作用下，AI将为5G赋能，促使5G网络不断优化，推动5G应用持续落地。同时，5G也将为AI赋能，促使生产方式、生活方式发生较大改变，扩大AI的应用范围，让AI变得无处不在。

作为一种新型基础网络设施，5G要为整个社会服务。借助5G强大的连接能力，整个社会都将建立连接，人类社会将真正迈入万物互联时代。但5G与AI的应用不是简单的相加，而是做乘法，衍生出更多应用，释放出更大的潜力。

随着5G网络逐渐实现商业化，将有越来越多的应用接入云端。在边缘计算等技术的支持下，5G核心网分布式架构将完美匹配应用延伸到边缘的需求。在边缘网关的周转下，信息可以直接发送到边缘应用，帮助AI将应用延伸到边缘端，从云端到边缘端加倍为AI赋能，赋予AI算法提取相应关联并不断提升自己的能力。在个体得到提升之后，再在5G网络与云端的支持下，快速赋予个体AI能力。也就是说，随着AI与5G逐渐融合，机器将产生类似群体智慧的能力。

如果将人类社会比作浩瀚的宇宙，AI与5G就是两个规模不断扩大的星云，在高速运转中碰撞交会，创造出一个全新的世界。在数据的驱动下，AI与5G的融合将催生一系列新技术、新平台、新商业模式、新产业等，为人类社会的发展带来更多新机遇。

◆智能安防：实现智能终端实时监控

智能安防是最早实现物联网应用的一个场景。一直以来，智能安防都致力于推动终端产品实现智能化、一体化，与无线传感建立连接，利用互联网传输信息。端侧人工智能算法的响应速度快、可靠性强、隐私保护功能强大，可以对网络带宽进行高效利用等。目前，5G与AI技术在安防终端的应用正在不断融合，并将引发新一代技术革命。

在5G与AI技术的支持下，所有与安防有关的传感器都将实现互联，当前备受关注的智慧社区、智慧家居或其他与智慧安防有关的新概念，虽然只实现了浅层次的连接，但在落地应用的过程中，必将以5G技术为依托实现深度连接。

例如，在智慧家庭中，安防摄像头是一个非常重要的应用。在AI技术的作用下，安防摄像头实现智能化升级，可以在终端侧对视频内容进行本地化分析，无须等待网络传输，响应速度更快。随着5G网络在该领域实现应用，智能安防摄像头将与其他系统实现密切配合，缩短数据传输到云端所用的时间。用户可以利用智能终端实时查看企业、店铺或家庭中的高清视频图像，还可以对摄像头进行远程控制，将录像存储下来，对图像进行抓拍等，实时掌握所关注区域的情况。

另外，终端侧AI×5G的进展还将对声纹识别技术[1]的开发产生重要影响。在与人交谈的过程中，人脑会做出快速响应，因此，机器的自然语音交互要最大限度地缩短时延，尽量做到实时响应。在AI×5G的支持下，机器与人类的语音交互有望达到自然对话的程度。

◆智能驾驶："用户智能"和"驾驶智能"

5G在智能驾驶领域的应用主要体现在两个方面，一是用户智能，二是驾驶智能。

用户智能指的是5G技术与传统的汽车相结合，可以在娱乐、消费等方面带给用户价值。例如，通过5G赋能，车辆原有的互动娱乐系统可以迭代升

1　声纹识别是生物识别技术的一种，也称为说话人识别，是一种通过声音判别说话人身份的技术。

级，让用户在车内就体验到VR以及高清视频等。

驾驶智能主要体现在两个层面，一是感知层，二是计算层。5G的应用范围非常广，不仅可以赋能自动驾驶技术，还可以与智慧交通甚至智慧城市对接，对汽车行驶路线、行驶速度以及启动、停止等进行统一管理。一旦遇到紧急事件或者意外情况，车辆的自动驾驶系统会主动采取应对措施，同时向智慧交通的AI系统汇报，等待下一步指令。接到汇报后，智慧交通的AI系统会将情况反馈给其他自动驾驶车辆，统筹这些车辆的运行，使智慧交通的管理水平大幅提升。

AI×IoT：基于AIoT的智能交互

近几年，"AIoT"成为物联网行业的一个热词，在各种研究、报道中的出现频率越来越高。顾名思义，"AIoT"就是AI+IoT，其中，AI（artificial intelligence）是人工智能，IoT（Internet of things）是物联网，AIoT就是人工智能与物联网在实际应用中的落地融合。目前，很多传统行业将AIoT视为智能化升级的最佳方案。对于整个物联网行业来说，AIoT已经成为不可逆转的发展趋势。

在物联网环境下，与人发生联系的场景越来越多，包括智能家居、智慧医疗、智慧金融、自动驾驶等。而只要与人发生联系，势必涉及人机交互。简单来说，人机交互就是人与机器通过某种特定的语言及交互方式，以完成某项特定任务为目标相互传递信息，展开交流。

人机交互的范围非常广，从电灯开关、冰箱、空调、电视等家居产品到飞机仪表板、发电厂控制室等，未来加入人机交互的设备与场景只会越来越多。随着智能终端越来越多，用户已经不满足于传统的人机交互方式，提出了许多新要求，为AIoT人机交互市场的发展拓展了广阔的空间。

以智能家居为例，根据前瞻产业研究院提供的数据：2018年中国智能家居市场的规模达到了1210亿元，预计到2020年将超过1800亿元，如图6-1、图6-2所示。由此可见，随着AIoT市场飞速发展，人机交互需求将出现一定程度的爆发，迎来广阔的市场发展前景。

进入物联网时代之后，人机交互的方式呈现出本体交互的特征。本体交互指的是从人的本体出发，通过语音、视觉、动作、触觉、味觉等人与人交互的基本方式进行交互。例如，人可以通过语音控制电视机播放自己喜欢的节目，空调可以通过红外感知与语音识别来决定是否升降温等。

人工智能的发展离不开数据的支持。随着数据量越来越大，数据维度越

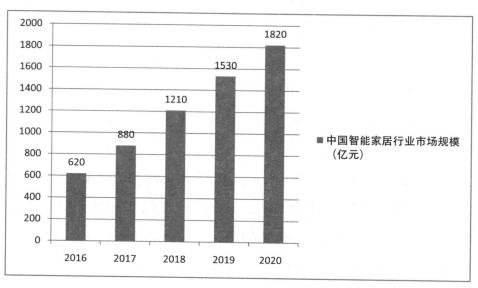

图 6-1　2016—2020 年中国智能家居行业市场规模

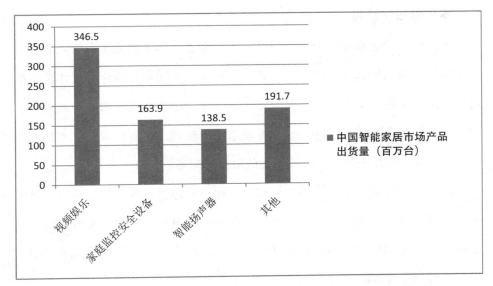

图 6-2　2019 年中国智能家居市场产品出货量

来越多，不仅人工智能迎来了发展良机，AIoT也迎来了无限可能。从发展路径来看，AIoT的发展至少要经历三个阶段，分别是单机智能阶段、互联智能阶段和主动智能阶段，具体分析如下。

◆ 单机智能阶段

单机智能指的是设备接收到用户发出的指令后积极响应，在这个过程中，设备之间不发生连接与交互。在单机智能阶段，单机系统需要对用户发出的各种指令进行精准感知、识别与理解，然后正确执行，做出反馈。

目前，AIoT行业的发展正处在这一阶段。以家电行业为例，传统家电属于功能机，需要用户按键操作；现在的家电在AIoT赋能下实现了单机智能，支持用户用语音或者手机进行远程遥控，非常方便。

◆ 互联智能阶段

智能单品无法相互联通，就只是一个数据孤岛，永远无法带给人们更好的体验。如果这种孤岛效应无法打破，就永远无法实现智能化场景体验的优化与升级。从本质上看，互联网智能场景就是一个个相互连通的产品矩阵，"一个大脑，多个终端"逐渐成为普遍适用的模式，这里所说的"大脑"指的就是云或者中控平台，"终端"指的就是感知器。

在"一个大脑，多个终端"模式下，用户入睡前对卧室的空调说"睡眠模式"，空调会自动调节温度，而且会向室内的电视、音箱、窗帘、灯等发出指令，让它们自动关闭，营造一个良好的睡眠环境。在这种模式下，AIoT将带给用户更极致的体验。

◆ 主动智能阶段

主动智能指的是在用户发出指令之前，智能系统根据用户的行为偏好、周围环境情况等信息，主动为用户提供需要的服务。主动智能具有极高的自学习、自适应与自提高能力，可以随时待命，主动满足用户需求。

在主动智能阶段，人们过去关于智慧生活的各种设想都将成为现实。例如，清晨，随着窗外光线的改变，窗帘会自动开启，音箱会自动播放舒缓的起床音乐，提醒主人到了起床时间。主人起床之后进入洗漱间，桌面上的私人助手会主动播报今日天气，给出穿衣建议。洗漱完毕，咖啡机已经煮好了咖啡，简单用过早餐后出门。随着大门关闭，家里的电器会自动断电，等待主人回家后再度开启。总之，进入主动智能阶段之后，人类的生活将发生天翻地覆的改变。

AI×大数据：数据驱动AI革命

人工智能的发展离不开数据的支持，从某种程度上说，人工智能的快速发展就是大数据长足发展的结果。近年来，随着各类感应器的数量越来越多，数据采集技术快速发展，人们所积累的数据量越来越多，而且在某个细分领域拥有了更多、更细致的数据。这些数据为人工智能的发展提供了丰富的学习资源。

◆大数据是人工智能的基础

人工智能的发展建立在数据的基础之上，数据的数量在一定程度上决定了人工智能的成长空间，数据的质量则在一定程度上决定了人工智能的发展水平。

作为一种数据分析技术，人工智能的独特之处主要是立足于神经网络，同时发展出多层神经网络，借此开展深度机器学习。相较于传统的算法来说，人工智能算法无须假设前提，可以完全利用用户输入的数据建模。在这种运算模式下，人工智能变得更加灵活，而且可以根据不同的训练数据不断进行自我优化。

基于这一优点，人工智能的运算量得以大幅提升。随着计算机的运算能力不断取得突破，这种算法的使用价值逐渐凸显。在计算机运算能力尚没有如此强大的年代，人们利用神经网络运算一组数据，可能要等待数天才能获得结果。但在今天，高速并行运算辅之以更优化的算法，可以在短短几秒钟之内运算海量数据，这一能力是人工智能发展取得突破的重要前提。

◆ "AI×大数据"的商业化应用

随着数据规模越来越大,利用人工智能算法对数据进行高效率的挖掘,利用挖掘结果优化服务逐渐成为企业的必然选择。以国内的打车平台为例,随着快的与滴滴合并,司机行为、顾客行为、交通线路、实时交通情况、GPS定位等数据量猛增。为了给乘客提供更优质的服务,滴滴以海量数据与机器学习算法为基础搭建了一个推荐匹配系统,利用司机的交班时间、交班地点、接单情况、拒单情况等数据对司机进行画像,以此为基础对订单进行分派,以满足不同用户的出行需求。

除打车平台外,"AI×大数据"的应用场景还有很多,例如网飞的影片推荐系统、脸书的社交图谱、亚马逊的购物推荐系统等,都建立在利用深度学习与其他人工智能算法对数据进行挖掘的基础上,使大数据爆发出巨大的商业价值。除此之外,谷歌公司在机器深度学习和建立知识图谱方面投入了大量资源,致力于为用户提供更好的生活解决方案。而且,从2010年起,谷歌公司就开始了对无人驾驶汽车的研究。

谷歌无人驾驶汽车安装了1个激光距离探测器、4组雷达、1个摄像机,每秒钟大约可以产生1GB的数据。以如此大规模的数据为基础,结合实时街景、地图和GPS位置信息,谷歌无人驾驶汽车可以利用系统中的人工智能软件对周围的环境进行实时感知,实现自动驾驶,而且可以在保证安全的前提下对车辆的行驶速度进行优化管理,降低油耗。

◆ "AI×大数据"的未来

人工智能技术不断发展,与大数据技术的结合程度越来越高,将不断提升计算系统发现并理解数据,以及基于数据进行推理与决策的能力,而且可以通过数据挖掘获取更多、更有价值的信息，使数据隐藏的价值充分显现出来。

从某种程度上看，人工智能与大数据就是相互影响、相互成就的关系。一方面，人工智能的发展需要大数据提供"养料"，只有利用大数据不断地学习与训练，人工职能的智能化程度才能不断提升；另一方面，人工智能不断发展，智能化水平不断提升，将促使数据分析效率不断提升，为海量数据分析提供无限可能。

随着人工智能技术不断发展，企业可以通过挖掘数据获取有价值的信息，形成一个完善的知识体系，赋予机器系统一定的认知能力，推动认知计算快速发展。认知计算是随着人工智能技术的发展而出现的，涵盖的内容非常多，具体包括自然语言处理、语音识别、计算机视觉、机器学习、深度学习、机器人技术等。随着对大数据与分析学关系的认知逐渐深入，人们就会认识到认知计算与分析学在大数据分析中的地位，对认知计算的重要性产生更深刻的认知。

AI×边缘计算：开启边缘智能浪潮

计算的历史也是不断探索理想系统架构的历史。几十年来，系统架构师辗转于集中式配置之中，而这些配置中的计算资源却位于分布式架构之中。对用户来说，计算资源是遥远的，而处理资源才是触手可及的。

人类早期设计的系统倾向于采用使用高度集中的模式，它们能向企业用户提供较强的计算能力和存储能力。20 世纪 80 年代至 90 年代，个人电脑强势崛起，局域网、互联网相继登上历史舞台。这一阶段，集中式的系统架构逐渐被分布式的系统架构所取代。分布式系统架构的代表是个人电脑，它在未来的一段时间内承担了大部分的计算任务。

随着科技的发展，计算工具也在不断进步。继台式电脑之后，人类又发明了笔记本电脑、平板电脑、智能手机等新一代计算工具。随着网络的发展，这些高度分布式架构的计算工具逐渐演变成移动计算工具。科技与社会的发展使得人类对计算的需求日益增加，因此计算工具需要有进一步的突破。于是，系统架构师们开始尝试将计算任务转移到网络云端。从此，云计算应运而生。

云计算具有四大核心优势：

（1）拥有接近无限的计算能力；

（2）拥有接近无限的存储能力；

（3）拥有高可靠性；

（4）计算成本低。

正是由于云计算拥有如此大的优势，因此，各大企业纷纷扩大了对云计算的投入。新一代的计算系统也将围绕云计算向着更加集中化的方向发展。以我们熟悉的智能手机为例，一些智能手机用户会将手机中的内容上传至云端，然后进行分类处理和存储，这样可以防止数据丢失和避免手机内存不够的情况出现。而当他们需要数据时，就可以通过网络下载，将数据重新传回到移动设备上。

同样，现代企业在进行高级计算和分析时也会用到云计算。许多大型科技企业通常都会借助云计算来运行企业级应用。例如，甲骨文公司会利用云计算来运行测试新设计的企业级应用，然后再借助个人电脑来解释和分析云计算反馈的计算结果。

随着人工智能技术、机器学习技术的发展和普及，企业的生产和管理越来越智能化、数字化。而这些先进技术的高效应用，以及企业的数字化生产和管理，都离不开云计算资源的支持。

在企业的发展中，云计算扮演着越来越重要的角色。借助云计算的强大优势，企业可以极大地降低运营成本，高效进行创新开发、生产制造和运营管理。对任何一家智能工厂来说，云计算都是必备的技术资源。因为有了云计算技术的支撑，智能工厂才能同时管理多个机器的视觉系统。对任何一个智能城市来说，云计算是不可或缺的技术保障。因为在云计算技术的保障下，智能城市才能进行智能化的交通管理，最大化地节约路灯能耗。

实际上，我们不必将所有应用都放到云端运行。有时候，我们更需要将一些应用放在边缘设备中运行。在一些场景中，我们也需要边缘设备能够更快地做出响应，而将应用放在云端运行很可能会使这种响应不够及时。

那么，如何使边缘设备实现更快响应呢？这就需要在边缘设备的应用中添加更高级的智能。

例如，一辆自动驾驶汽车驶入城市后，一旦遇到需要紧急刹车的情况，就会立即通过车载系统直接下达刹车指令，不用再经过云端计算、判断和反馈给出刹车指令。由于车载系统本身就具有较高的计算能力和智能性，所以不用再经过云端通信下达刹车指令，利用这种边缘计算的人工智能可以节省决策时间，大大降低交通事故的发生率。

要让边缘设备具备独立决策能力，就需要研发出一类新的边缘智能设备。将语音识别、面部识别等技术应用于边缘设备中，使这些设备能够根据环境变化自动做出响应，形成自动化的功能；同时通过应用机器学习、人工智能等技术，使边缘设备能够根据搜集到的数据信息持续学习更多的操作，不断优化原有操作，形成智能化的功能。这是目前赋予边缘设备自动性和智能性的主要做法。

在智能系统中，云计算主要发挥处理和存储的功能。智能系统的核心功能是机器学习，它主要涉及两类计算工作负载：

一类计算工作属于密集型计算，主要的作用是使智能系统在训练中根据已有数据不断学习新的能力，比如智能系统可根据数千张面部图像学习面部识别能力。这类密集型计算需要可靠的硬件才能处理大量的数据。

另一类计算工作是将智能系统的功能应用于新数据，这个过程也需要利用到识别模式。随着时间的推移，这类计算能帮助智能系统通过学习不断增长其智能。边缘设备上的智能系统不需要在云端进行分析和判断，但能够利用机载计算资源不断提高自身的智能水平。

边缘计算的未来市场前景十分广泛，既能触及家庭消费类应用，又能触及智能工厂应用。例如，用户在出门时可以通过边缘计算技术来关闭房间内的智能电器；智能工厂的新一代机器视觉能通过边缘计算技术实现进一步的提升。

作为一项基础技术，人工智能具有很强的包容性，可以与很多技术实现融合，例如5G、物联网、大数据、边缘计算等。人工智能与这些新兴技术的融合不仅可以解决传统行业存在的一些问题，还可以催生更多新应用、新产业，释放出技术的商业价值，形成产、学、研的闭环，为技术的持续创新与应用提供不竭动力。

第三部分　智能时代

第7章　智能＋教育：教育信息化2.0建设

AI引领智慧教育2.0新生态

2018年4月，我国教育部正式印发了《教育信息化2.0行动计划》。通知指出，以人工智能、大数据、物联网等新兴技术为基础，依托各类智能设备及网络，积极开展智慧教育创新研究和示范，推动新技术支持下的教育模式变革和生态重构。具体来看，教育信息化2.0的内涵与特征如下：

● "数据"是其基础，教育过程中涉及的教育行为和教育要素都需要实现数据化。

● "联结"是其要义，数据化的教育行为和教育要素不仅要实现教育系统内部联结，教育系统与社会系统的联结也应该更为紧密。

● "开放"是其策略，教育过程中的数据应该充分开放，供全社会进行挖掘，发挥出最大价值。

● "智能"是其重要的驱动力，通过"智能"相关技术的推动，达到教育的个性化、信息化。

◆智慧教育2.0时代的来临

《教育信息化2.0行动计划》的出台，标志着我国智慧教育2.0时代的来临。作为新一代信息技术与教育创新融合的新形态，智慧教育2.0对我国教育信息化的发展起到了全面而深刻的变革作用。

智慧教育2.0具有数字化、网络化、智能化等显著的技术特征。因此，智慧教育2.0不仅能为教育系统服务，还能在国家战略实施、社会经济发展方面发挥巨大的推动作用。

智慧教育2.0为国家战略的实施提供助力。一方面，智慧教育2.0可以利用物联网等，借助相关的制度机制，与智慧城市生态系统融合；另一方面，智慧教育2.0可以为"精准扶贫""一带一路""国家制造2025"等国家战略服务，根据这些战略的实施要求优化社会资源配置，培养创新人才，为"一带一路"沿线国家和地区的智慧教育提供支持，进一步提升我国的国际话语权。

此外，智慧教育2.0可以为社会经济发展服务。构建智慧教育2.0生态体系，将教育信息化与市场融合所产生的经济效能进一步释放出来，推动"AI+教育"产业快速发展，催生智慧教育新业态。

◆推进教育系统现代化治理

智慧教育2.0生态的构建、教育系统的平衡发展与高效运行要建立在教育治理的基础上。在当前5G、AI、物联网、云计算等新一代信息技术的驱动下，我国教育治理体系不断完善，治理能力实现了现代化。

在教育大数据技术的支持下，教育治理的顶层设计发生了巨大改变。在数据驱动下，教育决策与评估有了科学依据，教育决策变得更加科学，实施策略变得更加精准，为智慧教育2.0子系统的高效运行、智慧教育2.0生态的协调发展产生了积极作用。

在物联网与人工智能的作用下，教育工作数据可实现"伴随式"搜集与流动，进而实现以教育数据流优化教育工作流。通过这种动态发展的生态闭环，智慧教育2.0的各项工作都能实现扁平化管理，明晰各个教育部门与教育环节的权利与责任，让政府部门与教育部门实现管、办、评分离。

◆ 构建全新的智慧教育制度

智慧教育2.0的发展将推动整个教育系统变革，逐步确立一个与AI时代发展需求相匹配的智慧教育制度。

在智慧教育2.0时代，教育体系结构将从传统的学校教育发展为终身教育，教育将进一步打破时空限制，实现无缝式学习或泛在学习。在这种环境下，每个人都将成为终身学习者。教育评价评估将以伴随式评价或综合性评价为主，对每位学习者的潜力进行充分挖掘，将每个人都打造成某个领域的知识生产者，从而满足AI时代对人才的需求，推动社会更好地发展。

教育机制将不断创新，变得更加完善。比如，智慧教育2.0的供需机制将对整个社会系统与教育系统进行调节，促使这两大系统实现动态平衡；各教育部门将创建适用于智慧教育2.0业务开展的制度或机制；智慧教育2.0中的数据伦理、道德伦理等机制也将不断完善。

◆ 培养AI时代的"智慧人才"

国家大力推进智慧教育发展的主要目的就是培养"智慧人才"。在智慧教育1.0时代，研究人员从"21世纪技能""高智能""高阶思维能力"等能力素养方面切入对"智慧人才"进行定义。到了智慧教育2.0时代，智慧人才必须做好以下三个方面：

（1）智慧教育2.0时代必须培养具备创新创造能力的人才，培养人才利用人工智能工具从事社会化生产的能力，促使他们从知识的"消费者"转变为具备创新创造能力的"生产者"。

（2）培养具备计算思维的终身学习者，即培养能够根据岗位需求与社会发展需求，利用智能化的教育资源，通过泛在学习方式不断学习新知识，掌握新技能的人才。在人工智能时代，这是智慧教育2.0必须承担的重任。

（3）帮助教育贫困者"脱贫"。目前，教育贫困有两层含义，一是贫困家庭的孩子无法接受良好的教育，二是家庭环境好的孩子"学不好"。未来，智慧教育2.0要为教育贫困问题提供有效的解决方案。

智慧教育2.0的生态结构

智慧教育2.0生态建立在新一代信息技术的基础上，在动态流动的教育大数据驱动下，教育生态系统实现了有序循环与持续进化。具体来看，智慧教育2.0生态系统主要在三个方面实现了互联互通，形成了动态循环。

（1）外环，即"智慧环境—教育治理—制度机制"循环。借助云计算、人工智能、感知技术、数据挖掘技术构建了一个信息化环境，在这个环境中，教育宏观数据和教/学微观数据可实现伴随式搜集与分析。一方面，教育数据流和教育工作流进行了改造，明确了教育治理工作的责任与权利，为数据驱动下教育决策的制定提供了强有力的支持；另一方面，教育机制与制度实现了创新发展，为智慧环境的构建提供了保障，推动教育治理工作有序开展。

（2）内环，即"资源服务—学习活动—教学活动—评价评估—教育管理—科学研究"循环。在智慧教育2.0生态中，所有动态生成的数据都能实现实时搜集，对整个内环的发展产生积极的推动作用。比如，利用教学活动中产生的数据，学校可以改进资源服务，开展教育研究，为教学活动的开展提供支持与助力。

（3）内环与外环联通形成循环圈。在这个循环圈内，内外环之间的数据、服务、制度、机制可以相互影响，促使内环、外环迈进一个更好的发展阶段，达到一个新的平衡。

总而言之，内环、外环、循环圈相互影响，相互连通，为教育系统的运行提供了一个良好的外部环境。

◆ 开放促成的生态动态平衡

智慧教育2.0生态系统要想实现动态平衡，不仅要对整个社会生态系统开放，推动彼此进化与发展，生态系统内部也要相互开放，使系统内部达到动态平衡。

（1）技术层面的开放

智慧教育2.0的推进要以智慧化的教育环境和动态化的教育大数据为依托，所以，智慧教育2.0生态在技术层面的开放主要体现在两个方面：一方面，开放系统平台与技术设备的接口，使用标准化的接口将生态内部各个环节打通，促使各项资源实现按需接入、按需撤出；另一方面，促使不同类型的教育数据实现按需开放与有限流动，让开放的教育数据为智慧教育2.0生态的构建源源不断地输送能量。

（2）教育理念层面的开放

一方面，教育教学活动要积极引进新的教学理念与教学方式，培养创新型人才；另一方面，教育治理要实现开放透明、权责分明，教育机制要做到开放吸纳，为智慧教育2.0生态的构建提供支持，增强整个教育生态的自我调节能力，使整个教育生态实现动态平衡。

如果技术层面与教育理念层面都做到了开放，整个智慧教育2.0生态就能实现良性运行，达到动态平衡。

◆不同教育类型的无缝衔接

在一个完整的教育生态中，不同阶段、不同类型的教育都能实现无缝对接，具体体现在以下三个方面：

（1）与学前教育、基础教育、职业教育和高等教育等正规的学校教育对接。在完善的智慧教育2.0生态系统中，每个学生在不同正规教育阶段的各类教育数据都能整合到一起，形成一个个性化的数字档案（这些数据包括学习偏好、认知风格、学业成绩、学习成果等），从而使不同阶段的教育实现无缝衔接，为学习者提供连续不断的、个性化的教育服务，促使其实现终身学习，不断发展。

（2）与发生在博物馆、科技馆、生活社区、交通工具等场景中的非正规学习对接。借助物联网技术与各种感知工具，可实时感知学习情境，对学习数据进行动态共享，使各种非正规学习实现无缝衔接。

（3）通过学分将每个人一生接受的所有正规教育与非正规教育衔接在一起，包括学前教育、成人教育、企业教育等，把所有人都打造成终身学习者，让他们真正参与未来社会的发展。国家大力推行智慧教育2.0的重要目的就在于此。

◆种群既是"消费者"，也是"生产者"

在智慧教育2.0生态系统内，所有人都有两重身份：一是"生产者"，一是"消费者"。

（1）学生、教师、管理者等各类教育用户种群。在智慧教育2.0环境下，一方面，这类用户群体可以获得资源开发门槛较低的软件工具与系统平台，积累的教育活动数据越来越多，交叉领域的协同合作难度不断下降，为教育用户向教育资源服务的生产者转变提供良好的条件，使这些用户个性化、差异化的教育消费需求得到极大的满足；另一方面，改变学习者的身份，将其从单纯的消费者转变为产消者是智慧教育2.0发展的目标之一。

（2）人工智能技术所支持的教育资源智能化生产种群。随着机器学习、神经网络等技术不断发展，机器可以不断通过教育数据、教育资源进行自主学习，开发更多教育资源产品。由此可见，在未来智慧教育2.0生态系统中，智能化的资源种群将呈现出双重性，既消费教育数据，又生产教育资源。

"AI+教育"的技术架构与应用

一直以来，在学校的教学活动中，教师都占据着主导地位，承担着"传道、解惑、授业者"这一角色，根据教学大纲，结合以往的经验向学生灌输知识。在这种教学模式下，学生多重理论、轻实践，一味地死记硬背，缺乏动手能力与创造力，无法满足我国教育革新与创新强国建设需要。

苏联著名的教育家苏霍姆林斯基在《教育艺术》中提出这样一个观点："在人的心灵深处有一种根深蒂固的需要，就是希望自己是一个发现者、研究者、探索者。在儿童的精神世界中，这种需要特别强烈。"为了满足儿童的这种需求，我国的教育改革必须打破传统的教育模式，引入现代教育技术，培养能够适应经济社会发展、具备创新能力的国际化人才。随着电子通讯、计算机等现代科技迅猛发展，现代教育理论不断成熟，现代教育技术应运而生并且不断发展。

当前，AI、大数据、云计算等新一代信息技术在教育行业实现了广泛应用，为智慧校园建设提供了技术支持，改变了学校教育各项业务的开展方式，从管理转变为治理，研发了可以感知情绪的智能教学系统、智能教育助理、自动化教学测评与智能化应用，为个性化学习、自适应学习等学习方式的实现提供了强有力的支持。

众所周知，"AI+教育"的应用形态多种多样，如何保证这些应用形态具有智能化、互通性，推动人工智能在教学、管理、资源建设等全过程应用，教育分析系统的创建是关键。

◆ "智能+教育"的技术架构

人工智能的实现以数据为基础，以算法为核心，以服务为目的，所以数据、算法、服务就成为人工智能的三大核心要素。构建"AI+教育"通用技术框架的目的，在于为"AI+教育"的技术形态提供一种宏观的构建方法，保证其可以达到一定程度的智能化、互通性。一般来讲，"AI+教育"的通用技术框架可分为三层，分别是数据层、算法层和服务层，如图7-1所示。

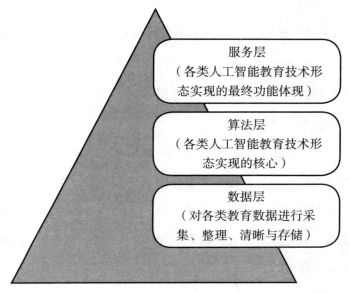

服务层
（各类人工智能教育技术形态实现的最终功能体现）

算法层
（各类人工智能教育技术形态实现的核心）

数据层
（对各类教育数据进行采集、整理、清晰与存储）

图 7-1 "智能＋教育"的技术架构

（1）数据层

在"AI+教育"的通用技术框架中，数据层位于最底层，主要负责对各类教育数据进行采集、整理、清洗与存储，是教育数据的输入端，为各类人工智能教育技术形态的实现奠定了基础。对于数据层来说，数据是其核心生命力，这些数据主要来源于线上与线下的各类教育场景和学生、教师、管理者等教育活动的参与者，属于异构性数据，处理之后才能使用。

（2）算法层

在"AI+教育"的通用技术框架中，算法层位于中间层，由融合了教育业务的人工智能算法构成，主要负责对各类教育数据进行智能化处理，针对用户提出的问题提供解决方案，整个过程可自动执行。算法层是各种人工智能教育技术形态实现的核心。

（3）服务层

在"AI+教育"的通用技术框架中，服务层位于顶层，属于输出端，主要负责输出数据处理结果，为用户提供需要的教育服务，是各类人工智能教育技术形态实现的最终功能体现。服务层可面向不同的教育场景与角色，提供不同的教育服务。

现阶段，"AI+教育"技术形态有两大表现，一是结合智能算法，按照现有的技术功能模式发展，比如智慧校园、智慧课堂、立体化的综合教学场所、基于大数据智能的在线学习教育平台、智慧学习环境、智慧实验室等；二是向智能教育助理方向发展，其中，教育智能代理（intelligent agent）是一个最主要的应用形式。

◆AI在教育领域的技术应用

人工智能是新一轮科技革命的代表，正在颠覆很多行业和领域，教育就是其中之一。虽然，目前，人工智能还处在"弱人工智能"阶段，无法从感知、行为、认知三个层面全面模拟人类，但凭借强大的计算能力、存储能力、大数据计算能力，人工智能正在颠覆传统的教育模式与教育形式，在教育资源优化配置、教育质量与教育效率提升、开展个性化精准教学、教育评价系统优化方面发挥着重要作用。

现阶段，人工智能在教育领域有四大应用：

（1）行为探测

比如，考场的作弊监控系统、"魔镜系统"等。其中，"魔镜系统"是利用人脸识别技术对学生的听课状态进行监测，判断学生是否在认真听课。但对于课堂教学是否应该引入这类系统，业内存在较大争议。

（2）预测模型

比如，通过对学生的学习行为数据进行分析，预测学生是否会辍学、挂科等。目前，这方面的研究主要集中在MOOC（大型开放式网络课程，massive open online courses）领域。研究人员通过对学生上线时间、上线次数、观看视频的时长、作业提交情况、参与讨论情况等数据进行分析，对学生的课程学习情况做出预测，引导教师及时为学习困难的学生提供帮助，使MOOC效率得以有效提升。

（3）学习模型

比如在线自适应学习系统，以学生的兴趣、知识掌握情况、学习能力等因素为依据，有针对性地为学生提供学习内容。有些研究者试图为学生提供与其认知模式相符的内容，比如为对图像敏感的学生提供以图片、图像为主的学习资料。但目前，该领域还没有出现比较成熟的应用，这一想法还处在实验阶段。

（4）智能测评

智能测评与学习模型存在密切联系。在自适应学习中，系统要先对学生的能力、知识掌握情况进行测评。相较于传统测评方式来说，智能测评的速度要快很多，可以高效率、高质量地完成学生测评与诊断工作。

"AI+教育"的四种应用形态

2017年，国务院出台了《新一代人工智能发展规划》，从宏观环境与微观应用两个层面为"智能教育"的落地提供了支持与助力。在宏观环境层面，国务院强调要"构建新型教育体系，建立以学习者为中心的教育环境"；在微观应用层面，国务院强调要"开展智能校园建设，开发立体综合教学场、基于大数据智能的在线学习教育平台，开发智能教育助理"。

由此，我们将"AI+教育"的应用形态定义为智能校园、立体化综合教学场、基于大数据的在线教育平台和智能教育助理。

◆ 智能校园

智能校园是数字校园的进阶，是智慧校园的基础。智能校园是在原有的校园环境中增设建筑设备、信息家电、网络通信、自动化设备，构建出一个集系统结构与服务管理于一体的校园环境，这个校园环境具有舒适、安全、环保、便利的特征。在资源数字化、信息流转网络化的基础上，智能校园借助电子校务应用及应用集成化，利用数据仓库、数据挖掘技术等人工智能技术，让"教""学"活动实现智能化、科学化。

智能校园建设的目的在于推动教育教学活动现代化，促使科研活动信息化，让资源实现共享，让管理更加科学，让决策更加智能，让整个校园社区服务体系变得更加智能、人性化。

◆ 立体化综合教学场

立体化综合教学场通过线上线下相融合为教师的教学活动提供辅助，为学生的个性化学习提供支持，包括智慧教室、综合创新实验室、数字化实验室等场所。

立体化综合教学场实现了各学科的交叉与融合，在多元立体化教学模式的支持下，通过对资源进行整合，利用灵活的授课方式，为学生主动学习、个性化学习提供支持；通过人工智能技术为教师的教学活动提供辅助，让教师可以根据不同学生的特点设计相应的课程内容与教学活动，为学生提供智能化的学习服务。同时，立体化综合教学场还能利用人工智能技术深入了解每位学生，根据其知识掌握情况及学习特点，为其提供启发式教学，激发学习的积极性、主动性，提高其学习能力、创新能力和实践能力。

◆基于大数据的在线教育平台

基于大数据智能的在线教育平台是"AI+教育"的主流应用形态。随着云计算技术不断发展，新一代互联网环境随之诞生。在这个环境中，教育全过程实现了信息化，产生了海量教育数据。这些数据体量庞大、种类繁多，而且都来源于真实的教学场景，教育价值极高。随着大数据挖掘及数据密集科学的发展，大数据在教育领域实现了广泛应用，具体表现在两个方面：一是学习分析学，二是教育数据挖掘。

基于大数据智能的在线教育平台将学习分析和教育数据挖掘融合在一起，对学习者及其学习环境中产生的数据进行搜集、测量，然后利用统计、机器学习、学习分析、数据挖掘等技术对这些数据进行分析，从而对学习及学习环境做出优化。同时，该平台还通过教育数据的智能化挖掘与分析，实时跟踪反馈的智能测评，学习分析与学习者的数字化画像，为学生提供个性化自适应学习服务。

总而言之，基于大数据智能的在线教育平台就是秉持"以学习者为中心"的理念，以教育大数据为驱动，将教育大数据的"智能"特征全面展现出来。

◆智能教育助理

智能教育助理以人工智能为核心驱动力，利用轻量级的教育应用，为教师教学、学生学习、管理者管理提供辅助，让他们享受方便快捷的智能化教育服务。目前，智能教育助理产品有智能导师、教育机器人、学习伙伴等。除此之外，智能教育助理还有一种新的技术形态，即教育智能代理。

目前，因为使用方便，智能教育助理备受教育用户的青睐，但其智能化水平还需提升，是"AI+教育"领域最有发展前景的一种应用形态。

"智能+教育"新业态与新玩法

"AI+教育"设想，构建以学习者为中心的教育环境，需要学校、企业、政府的共同努力。只有三方协作，才能实现日常教育与终身教育定制化。

首先，学校要提供优质的学习资源，贡献先进的教学理念，为"AI+教育"提供科学的理论指导。同时，"AI+教育"的落地离不开学校这一场所，所以说，学校是"AI+教育"的主要用户。

其次，企业要利用自己掌握的先进的人工智能技术在教育行业发力，打造多种多样的个性化教育产品与服务，促使教育逐渐面向社会和市场。

最后，政府要制定相关政策与标准推动"AI+教育"实现可持续发展，为企业在"AI+教育"领域的研发活动提供科学指导。

目前，在"AI+教育"发展的过程中，一系列新兴的教育业态出现，整个行业正在向第三方教育服务、教育产业链形成、教育众筹众创等方向发展。

◆第三方教育服务

《教育信息化"十三五"规划》明确表示：要面向区域教育信息化开展

督导评估与第三方测评工作，全面落实"国家关于生均公用经费可用于购买信息化资源和服务"的政策。由此可见，第三方教育服务已被纳入国家教育政策。

第三方教育服务的主要职责是将用户需求与企业产品对接。在第三方教育服务的众多功能中，第三方测评是一个核心功能。随着"AI+教育"不断发展，第三方教育服务愈发专业化，功能也愈发完善。

在"AI+教育"模式下，企业利用自己掌握的先进的人工智能技术开发智能教育产品，为用户提供符合其需求的智能教育产品和服务。这些产品与服务的操作要尽量简洁。因为从用户的角度来看，操作烦琐很容易引起他们厌烦。

对于用户来说，第三教育服务的主要功能是在使用智能教育产品的过程中提供服务支持，解决产品使用问题，专注于自身发展。同时，第三方教育服务还能为用户提供智能考试、教育评价、学分认证等服务。

对于企业来说，第三方教育服务的主要功能是搜集用户的使用数据和反馈，帮助企业完善智能教育用品的研发，提高产品受欢迎程度。在第三方教育服务的支持下，教育智能产品研发企业既可以专注于自身的核心业务，又能为用户提供个性化的教育服务。随着人工智能教育市场不断发展，第三方教育服务将成为"AI+教育"领域的一个新业态。

◆教育的众智众等众创

"AI+教育"就建立在"互联网+教育"的基础上，强调个性化教育服务。在"互联网+教育"时代，教育用户的类型不断丰富，数量持续增长，给个性化教育的实现带来了一定的难度。"AI+教育"尝试解决这一问题：

一方面，"AI+教育"利用先进的人工智能技术为学习者提供个性化的教育服务；另一方面，"AI+教育"推出了众创机制，利用大众智慧优化教育服务。

"AI+教育"利用教育众创空间与平台为用户提供开放共享的教育服务，将人工智能与教育领域的人才聚集在一起，用户参与教育创新，通过集体智慧推动"AI+教育"实现创新发展。

"AI+教育"领域还出现了一个新业态，就是教育众筹。教育众筹整合线上、线下资源，让热爱教育之人学有所用，为"AI+教育"出谋划策，让"AI+教育"的创意更完善，汇聚更多支持者与支持资金对"AI+教育"的价值进行验证，推动"AI+教育"实现更好的发展。

◆ 标准建设的支撑

在学校、企业、政府的推动下，"AI+教育"领域涌现出很多优秀成果，为"AI+教育"的发展产生了强有力的推动作用。为了保证人工智能教育产品具有通用性，引导"AI+教育"行业科学发展、规范发展，国家必须制定行业标准与规范。

在第37届"ISO/IEC JTC1SC36教育信息化国际标准会议"中，专家提出要制定"AI+教育"的相关标准，以保证该行业良性发展。响应会议要求，目前，我国正在组建团队研究制定"AI+教育"的相关标准。另外，教育信息化技术标准委员会已经开始针对"智慧校园""智慧教师"等制定国家标准，在最大程度上让"AI+教育"相关标准的制定有据可依。

◆ "AI+教育"产业链格局重塑

目前，互联网教育行业呈现出棋盘格局，横向是百度教育、网易教育、腾讯教育等"大而全"的教育平台，纵向是沪江网校、极客学院、鲨鱼公园等"精而深"的垂直教育平台，散点是乐学高考、猿题库等"小而美"的教育驻点。在"AI+教育"环境下，互联网教育的棋盘格局将被颠覆，进行优化重组。

"AI+教育"产业链涵盖了三大主体：教育资源与内容提供商、平台运营商及技术开发商。

● 教育资源与内容提供商：包括教育培训机构、音像图书出版社、学校、在线学习平台等，主要功能是为用户提供专业的教育资源与内容；

● 平台运营商：主要职责是对个性化的人工智能教育产品与服务进行推广应用，为用户提供教育支持服务；

● 技术开发商：主要职责是研发个性化的人工智能教育产品与服务，利用人工智能技术为教育活动的开展提供辅助。

在学校、企业、政府的努力下，"AI+教育"的产业链逐渐融合，出现了一批如科大讯飞、全通科技之类的教育应用综合企业，这些企业既擅长提供内容，又擅长技术开发与平台运营。他们和学校、出版社等机构合作，自主开发教学资源，搭建教育服务平台，让用户可以更便捷地接触、使用智能教育产品。在这些企业的努力下，技术、资源、平台实现了有效集成，为"AI+教育"产业链的发展和优化提供了支持与助力。

人工智能在教育行业的应用有两条路径，一是开展人工智能教育，二是利用人工智能技术解决教育行业现存的问题，创新教育模式。由于"AI+教育"市场拥有巨大的发展潜力，所以吸引了很多企业前来布局。随着探索不断深入，"AI+教育"行业构建了一个较为完整的生态，形成了四种较为成熟的应用形态，并催生了很多新业态、新玩法。但从整体来看，人工智能与教育行业的融合尚处在起步阶段，未来仍需深入探索。

第8章 智能+医疗：AI重塑传统医疗场景

AI开启精准医疗时代

医疗行业在发展过程中一直面临着专业人才培养周期长、医生资源供不应求且配置不合理、医疗成本居高不下、误诊和漏诊现象时有发生等问题。近年来，在深度学习技术快速发展的推动作用下，人工智能逐步从技术研究阶段进入到实际应用阶段。AI在医疗健康领域的应用不断扩大，在医疗行业发展过程中发挥着越来越重要的作用，成为改进医疗服务的重要条件。

AI技术的应用，能够对医疗行业产生颠覆性的影响，具体包括改革传统生产方式、提高生产力、奠定技术基础、拓展上层应用。利用人工智能，医疗行业能够降低误诊、漏诊的概率，推动自诊模式的发展，缓解医生资源的紧张，进行疾病防控并帮助医生及时了解病变情况，缩短药物研发的时间，强化成本控制。AI技术的应用，对医疗行业产生颠覆性的影响主要体现在如下几个方面：

◆ 辅助医生诊断，缓解漏诊、误诊问题

医学影像提供了大部分医疗数据，但在具体的诊断环节，以往主要采用人工分析方式进行图像识别。这种传统方式以主观经验为依据，误判率很高。

比如患有心绞痛的患者，病发初期的症状表现并不是十分明显，有些患者不仅存在胸口痛的情况，还伴随着血压不正常、精神紧张等问题。在这种情况下，不少门诊医生无法给出准确的诊断结果。另外，依靠自身经验对癌细胞进行识别是对医生的考验，在这个环节也容易出现误诊问题。采用人工智能技术则能够降低误诊率。依靠人工智能中的图像识别技术，人工智能辅助诊断产品能够在病灶发现过程中发挥重要的作用，提高医生诊断的准确率，减少误诊问题的出现。

◆ 提高诊断效率，弥补资源供需缺口

数据统计结果显示，国内医生资源配置的平均水平为每千人2.1个医生，医生资源供不应求。

病理科、影像科的医生资源紧张问题表现得十分突出。动脉网蛋壳研究院的数据表明，国内医学影像数据的年增长率接近30%，但放射科医生的年增长率只达到4.1%，明显落后于影像数据的增加速度。

在影像数据快速增长的情况下，放射科医生不得不承担体量庞大的数据处理工作。与此同时，国内的病理医生资源严重紧缺。数据统计结果显示，国内病理医生资源的短缺数量高达10万。病理医生需要进行长期的培养，也就是说，我国将在很长一段时间内面临病理医生短缺的问题。

人工智能技术的应用，可以缓解国内医生资源紧张的情况。对于部分疾

病，医院可以利用人工智能技术进行自动化疾病筛查，通过这种方式降低医疗成本，缩短医生进行疾病筛查的时间，加速医疗机构的整体运转。

◆疾病风险预警，提供健康顾问服务

人类能够预防大部分疾病，但一般情况下，疾病在初发阶段只表现出轻微的症状，直到严重到一定程度才能够被患者察觉。尽管医生能够利用工具来预测很多病种，但疾病种类、人体结构等因素都容易导致医生的预测出现偏差。

将智能可穿戴设备与人工智能技术搭配使用，能够进行疾病风险预测与干预。在风险预测方面，可用于提前预知人体身体健康情况的变化，预防流行病的发生；在实际干预方面，可以根据用户的实际情况进行针对性的健康管理，满足用户的咨询需求。

◆支持药物研发，提升制药效率

传统模式下的药物研发需消耗大量的资金、时间成本，测试过程慢，研发周期长。人工智能技术的应用，能够让研发者用智能化方式进行药物筛选，对目前采用的高通量筛选方式进行优化，加速药物的研发进程，降低失败率。

利用人工智能中的自然语言处理技术、深度学习技术，对基因组数据、医学论文、文献中的信息进行深度处理，锁定候选药物，进而寻找治疗某种疾病的药物构成成分，加快药物研发进程，降低开发成本。

◆手术机器人，提升外科手术精准度

基于计算机技术，以平台化方式将人与机器的操作结合起来的智能手术机器人，能够发挥空间导航控制系统的作用，实现医生、机器人、医学影像识别系统之间的有效连接。与传统手术方式不同的是，利用手术机器人，外科医生可以通过远程操作方式实施手术，推动微创外科手术领域的发展。

从全球范围来看，在微创外科手术领域最具代表性的当属达芬奇手术机器人。这种手术机器人具备多种先进的技术功能，拓宽了微创技术在外科手术领域中的应用范围。传统手术在实施过程中出血较多，出现传染问题的概率较高。相比之下，用机器人实施手术无须输血，能够将手术误差控制在1毫米之内。在某些类型的手术中，切口精确性直接关系到手术能否成功，手术机器人则能够满足这类手术的高要求。

应用1：智能导诊机器人

利用语音识别、人脸识别等技术，智能导诊机器人能够与病人进行沟通互动，为他们指引路线，满足他们的信息咨询需求，改革传统的就医流程，提高就诊效率。

如今，院前就诊是智能导诊机器人集中应用的环节。智能导诊机器人遵循类似医生采用的流程为病人提供前期问诊服务，利用内部安装的摄像头及智能传感技术，对病人的血压、心率、体温等情况进行分析，对其表情、舌苔健康状态进行识别，将分析结果体现在预问诊报告中，并根据病情指导患者到相关科室就诊，让医生参考预问诊报告开展后续工作。这种方式能够减轻医生的工作负担，避免患者病急乱投医，促进医生与患者之间的高效互动。

在安徽省立医院，导医智能机器人"晓医"在应用落地后仅1个多月的时间，就汲取了50多本医学著作的专业知识，能够为患者提供260个常见问题的回答、600多个地点的导航服务，能够在每周的周三、周四，以及每天中午医生休息的时间段集中为患者提供多样化的服务，并为医生提供排班查询服务，且随着应用频率的增加，其问题回答的正确率也迅速提高。

再例如康策Kmy智能语音导诊机器人，这款导诊机器人的外形与人相似，具有一定的亲和力，可以通过语音或者触屏的方式回答患者的问题，为患者提供导医、导航、咨询等服务。如果你问他"小孩看病怎么挂号？"他会告诉你"儿科楼一楼、门诊部一楼窗口或自助挂号机挂号"；或者你问他"口腔科在几楼？"他会告诉你"口腔科在门诊楼4楼的西南方向"等。在人满为患的医院，导诊机器人Kmy不仅帮患者解决了很多问题，还帮医务工作者分担了很多工作，缓解了他们的工作压力。

从技术层面来看，导诊机器人Kmy以机器人硬件为载体，对云计算、大数据、物联网、移动互联网、人工智能等技术进行整合应用，形成了"人工智能+导诊"的模式，为智慧医疗产业链协同创新产生了积极的推动作用，切实提升了医院的智慧化建设水平，使患者的就医体验得到了极大的改善。

◆智慧导医形象

智慧导诊是目前智能导诊机器人最主要的应用场景，具体作用表现在以下三个方面：

（1）智慧导医形象

对于医院来说，智能导诊机器人在某种程度上代表了医院形象，其主要功能在于利用人工智能技术缓解人力资源不足问题，提高服务效率，优化服务体验。

（2）规范业务流程

通过对智能导诊机器人进行设置，可以规范导诊语言与行为，制定统一的就诊流程与规范，带给患者更好的就诊体验。

（3）全面导医知识

为了让智能导诊机器人发挥出应有的作用，必须使其全面掌握医院的情况，包括医院科室设置、位置、设备配置、医生排班情况、科室医生特长、药品常识、医院的规章制度等。所以，智能导诊机器人拥有最完善的导医知识储备，可以回答患者的大部分问题。

◆ 咨询引导服务

智能导诊机器人的咨询引导服务主要分为四个方面：

（1）咨询服务

智能导诊机器人可以回答患者提出的科室、疾病状况、医生、用药等方面的问题，让患者享受到及时、专业的咨询服务。

（2）分诊服务

智能导诊机器人可以通过提问对患者的病情做出预判，为患者挂号、就诊等提供科学指导。

（3）引导服务

智能导诊机器人通过提问获知患者想要前往的科室之后，可以带领患者快速到达。

（4）预约服务

智能导诊机器人可以帮患者查询某科室门诊医生的排班情况，帮助患者完成预约挂号。

智能导诊机器人的功能有很多，除了与患者对话、智能分诊、智能咨询之外，还可以为患者提供寻医问路导航、健康宣教等服务。与这些服务相对应，智能导诊机器人内部设置了很多版块，包括"预约分诊""科室查询""健康宣教""专家查询"等，每个版块下设多个子栏目。另外，智能导诊机器人还会不断学习一些常见病、多发病的相关知识，提高自己对疾病的预判能力，为患者提供智能导诊咨询一站式服务。

医院引入智能语音导诊机器人是对医疗服务模式的一种创新，是打造智慧医院的重要举措，不仅可以让患者获得更便利、更周到的就诊服务，还可以减轻医务人员的工作压力，释放更多医疗资源，让有需要的患者享受到更优质的服务。

埃森哲的数据统计结果表明，如今实现智能虚拟助手应用的卫生机构占比已经超过70%。今后，越来越多的医院、医疗机构会引进智能导诊机器人，将其投入到更多的服务环节中。

应用2：语音电子病历

医生在日常诊疗过程中需要手写病例或者使用计算机录入患者的相关信息，生成电子病历。手写病历不仅耗时长，医生的字迹很难辨认，而且无法归档，容易丢失。计算机录入信息生成电子病历虽然解决了手写病历识别难、管理难的问题，但会增加医生的工作负担，导致临床工作效率下降。

近年来，随着信息技术不断发展及其在医疗行业的深入应用，如何利用先进技术提高病历录入效率与准确率成为医疗行业的一个热门话题。同时，利用语音技术实现人机交互，赋予机器识别人的语音信息并给出准确反馈的能力，也已经成为非接触式智能交互的一个研究热点。

语音电子病历能够实现AI软件与硬件的结合应用。在软件方面，语音对话系统利用语音识别技术，通过对海量的医疗知识进行深度学习，在人机交互过程中对多种疾病名称、症状表述等做出有效的识别，并按照要求在语音与文字形式之间进行转换。

在硬件方面，利用医用麦克风屏蔽噪声影响，实现声音信息的精确、高效传达。语音电子病历能够把医生口述的信息转换为文本形式，保存在专业的信息管理系统中。语音电子病历的应用，可以解放医生的双手，加快病历书写的速度，让医生在诊断、交互环节集中注意力，进而提高诊断的准确率。

例如，西南医院利用海量医学文本数据，结合已经建立的医疗大数据平台，在云计算、大数据和机器学习等技术的支持下进行大量训练，创建了一个适用于各种医疗场景的医学语音识别模型。该模型的语音系统采用分布式架构，可以对识别到的大任务进行分解，生成一个个小任务后并行处理，提高语音识别的效率与准确率，让临床医生通过语音录入病历信息的设想成为现实。具体来看，为了打造语音电子病历，西南医院主要采取了以下三大措施：

（1）构建具有医院特色的医学语音资料库

西南医院语音数据库的语音资料有两大来源，一是对现有的医疗语音数据进行搜集整理，包括基础语音数据、医学语音数据、相关医学数据库中的音频资源及其他医疗机构的语音数据；二是对医院现有的医疗文本进行搜集整理，包括电子病历、检查报告、各种记录等。西南医院对这些文本信息进行整合，转化为汉语拼音进行存储，形成了一个庞大的语音数据库。

（2）融合语音识别处理技术

西南医院语音数据库的构建使用了很多先进的语音采集与处理技术，包括语音信号数字化及数字编码、语音检测技术、语音信号特征参数的提取等，利用这些技术对采集到的语音信号进行预处理。其中，在语音信号数字化及数字编码的作用下，自然语言模拟信号可以转变为数字信号，语音信号数字编码可以不断压缩，使得数据规模不断缩小，反应时间持续缩短，服务效率不断提升。

（3）建立具有自主学习能力的语义库

西南医院语音数据库的构建经历了三个环节，一是建立医疗语音模型，二是构建语义理解规则，三是对个性化的数据进行优化。具体分析如下：

● 医疗语音模型：利用隐马尔可夫模型[1]进行语音训练，对各种医疗信息进行针对性处理，形成覆盖各个应用场景的信息语音模型。

● 语义理解规则：利用大量通用文本数据、医疗文本数据、历史医疗数据对语言模型进行训练，完成深度自适应优化。

● 个性化数据优化：利用深度神经网络学习技术对西南医院的医疗数据

1　隐马尔可夫模型（Hidden Markov Model，HMM）是一个统计模型，用来描述一个含有隐含未知参数的马尔可夫过程。其难点是从可观察的参数中确定该过程的隐含参数，然后利用这些参数做进一步的分析，常用于语音识别、机器翻译、通信译码、基因组序列中蛋白质编码区域的预测等。

进行学习，对个性化数据进行优化，提升数据的准确率。

实践表明，电子病历产品比较适用于超声科检查、病房查房环节，在专科医院更容易推广。比如，专科医院中的北大口腔医院对电子病历的使用率接近65%，超过80%的年轻医生都在使用电子病历。

相比之下，语音电子病历在门诊的应用过程中仍然存在许多问题。这是因为门诊医生更习惯以信息录入方式生成电子病历，而且门诊缺乏安静的声音录入环境，有些医生的普通话表达不够准确，难以通过语音识别方式准确而有效地完成电子病历的输入工作，或者在进行语音转录之后要专门修改错字、漏字，效率提升效果并不明显。语音识别的抗干扰能力、敏锐能力还有待进一步的提高。

除此之外，研发企业还应在多种信息系统中实现语音识别技术的应用，逐步解决电子病历产品存在的缺陷，进一步扩大其应用范围，提高医生的时间利用效率，让他们将更多的精力投入到与患者的互动上。

应用3：AI医疗影像辅助诊断

在医院的各类科室中，影像科承担着大量的数据识别与处理工作，在整体中发挥着十分关键的作用。动脉网的统计结果显示，我国医学影像的年数据增长幅度为30%，但放射科医生的年增长幅度只有4.1%，AI技术的应用能够有效弥补医生资源的不足。另外，医学影像数据的标准化水平超出其他医疗数据，给人工智能在这个领域的应用创造了良好的环境。

虽然人工智能已经在不少医疗场景中实现了落地，但其中的很多应用都与医疗核心相去甚远。人工智能在医学影像中的应用则不同，在影像识别、肿瘤治疗、脏器三维成像中应用人工智能技术，能够给医生提供更加精确的数据内容，帮助医生加快工作完成进度，提高工作质量。

◆AI+医学影像识别

在"AI+医学影像识别"领域发展比较完善的是通过分析CT图像来识别肺结节。其具体应用流程包括以下环节：首先，分析肺部扫描序列，制作肺部区域图；接下来，以肺部区域图为参考，用智能化方式绘制肺部图像；然后对肺部区域图像中的肺结节进行标注，制作结节区域图像；再进行肺结节分割处理，发现可能存在肺结节的位置；最后将肺结节进行类别划分，精确锁定肺结节所在的区域，并对分析结果的可靠性进行评估。

在这方面，蛋壳研究院对我国20家人工智能影像企业展开了调查。调查结果显示，有60%的企业在肺癌诊断领域展开了布局。人工智能在肺结节识别领域的应用，能够将识别准确度提高到90%，比传统的医生诊断更加可靠。

◆AI+肿瘤治疗

在肿瘤治疗方面，应用最多的方式为放疗。总体而言，治疗比诊断更贴近医疗的核心。实施临床治疗时，平均每位患者会拍摄近200张CT图像。医生需要3到5个小时来勾画靶区与制定治疗方案。如果患者的肿瘤出现了变化或者勾画存在偏差，医生就要从头来过，且必须完成许多重复工作，在这个环节投入大量的时间与精力。

人工智能在这个环节的应用，则能够减轻医生的工作负担。具体而言，在确定癌症类型后，先要建立检查项目；然后以CT图为依据，采用自动化方式，借助人工智能技术与图像识别技术完成靶区勾画工作；接下来，以智能化方式制定手术方案或放射性照射方案，并将方案信息提供给医生进行检查；最后，在治疗过程中对方案实施效果进行监督。

如今，肝癌、肺癌、乳腺癌等疾病的靶区勾画都实现了人工智能的有效应用，医生用原本10%的时间就能完成这个环节的工作，且能够保证最终的靶区勾画与传统人手勾画保持高度重合。

◆ AI+脏器三维成像

此外，人工智能还可在脏器三维成像领域得到应用。具体而言，在对CT、核磁共振医学影像的数据进行分析之后，可以采用语音或手势控制的方法，依据临床所需，采用恰当的方式，对人体组织、病灶实施对应的操作。

另外，还能在手术实施之前，用定量分析方式对包括血管管径、脏器三维体积等在内的数据进行处理，预测手术风险，实施模拟操作，通过这种方式减少医生手术操作的误差，减少出血量，提高外科手术的安全性与准确度。如今，"AI+脏器三维成像"已经在肾脏、肝脏、肺部器官相关的疾病手术中实现了应用。

近几年，人工智能在这三个医学影像细分领域的应用都取得了显著的成就，但仍以单病种应用为主。实际上，与医学影像相关的病种超过2000个，这些病种各有各的特点，使用的成像设备也各不相同。所以，目前我国的"AI+医学影像"还在进行初步探索式发展，要立足于现实而不应盲目乐观。

另外，现在的人工智能产品还是以试用为主，进入到临床应用的仅为少数。很多相关企业并未通过CFDA（China Food and Drug Administration，国家食品药品监督管理总局）的监管许可，只是为了促进产品的完善而与医院合作开展相关的验证工作。

国家食品药品监督管理总局下发的《医疗器械分类目录》对人工智能相关软件及辅助诊断系统的分类做出了规定。根据其规定，提供诊断建议的人工智能医疗软件需按照第三类医疗器械管理，提供明确诊断结果的决策类系统则应申报第三类医疗器械。

目前国内的医疗AI企业中，除了EDDA科技公司与武汉兰丁医院通过CFDA之外，其他大部分产品仍处于试用阶段。其中，EDDA公司的产品获得了二类CFDA认证，并将产品使用权授予多家合作医院；武汉兰丁医院的宫颈癌云平台诊断系统通过了二类器械申报，并为广大用户提供了宫颈癌疾病筛查服务。在市场化发展过程中，EDDA公司与武汉兰丁医院遇到的阻力比较小。

自2018年8月《医疗器械分类目录》实施以来，"AI+医学影像"在临床应用方面的发展难度进一步提高。一方面，要让实验室研究结果更加贴近临床实践结果；另一方面，要扩大产品的使用范围。此外，为了促进产品赢利，还要在CFDA认证方面下更多的工夫，毕竟在获得认证的基础上才能尽早实现临床应用，走上商业化发展的道路。

AI医疗面临的挑战与对策

人工智能的发展以数据为基础。在机器学习领域，模型对未来数据的分析能力和模型本身的复杂性与表达能力呈反比。为了提高模型的数据解读能力，应该为其提供足够多的训练数据，但经过训练的模型已经形成固有的思维与模式，往往不适合用于分析新数据。针对这种情况，为了提高模型对未知数据的预测水平，要进一步扩大数据规模，更加注重数据积累。

在"AI+医疗"领域发展的过程中，数据的价值表现得尤为突出。比如，企业要想实现人工智能在医疗影像解读方面的应用，就要从公开数据集或者合作医院搜集足够多的影像数据资源。处于发展早期的企业可采用这种运营方式，但伴随着企业的发展，这种数据获取方式的不足之处就会显露出来。举例来说，对肺结节CT进行智能化识别的企业，为了搜集数据资源，会选择与特定的医院达成合作关系。

然而，生产CT设备的厂商不止一家，在市场上流通的设备机型也各不相同，但企业从合作医院获得的数据资源，只源自上百种机型中的一种，经过数据分析后建立的模型只针对这一种机型。由于不同机型的电压、电流等指标并未统一，经过数据训练后的模型也不具有普适性。

另外，有的病人以平躺的姿势接受检查，有的病人则以趴卧的姿势接受检查，加上CT像素、设备层厚差、薄层重构算法的不同，都会限制模型的应用。所以，要想运用人工智能对更多的医学影像图片进行解读，就要从数据方面着手，与更多的医院建立合作关系，获取更多的数据资源，并积极进行技术层面的探索。

除以上提到的方面外，AI医疗在实践过程中仍然面临一系列挑战：

◆实现从试验向临床应用的突破

如今，根据企业的实践验证结果，业内普遍认为利用人工智能进行肺结节、糖网病（"糖尿病视网膜病变"的简称）筛查的误差率较低，但实际情况仍还有待商榷。因为企业是以自己积累的数据为基础开展模型训练，对人工智能的诊断效果进行评估也是以自己的数据为参考标准。这种方式得出的评估结果与临床试验之间是存在很大差距的。真正的临床试验会受到许多因素的影响，具体包括：

（1）数据采样

对糖网病进行筛查时，并非所有受检者的免散瞳眼底彩照都符合筛查标准，受检者瞳孔大小、晶状体情况都会产生影响。另外，为了节约成本，不少基层医疗机构的免散瞳眼底彩照是由手持眼底相机拍摄的，质量难以过关。

（2）数据格式

医疗行业并未针对病理数据设置统一的标准，不同医院用于扫描病理切片的扫描设备引自不同的厂家，其数据格式也缺乏统一的标准。针对这个问题，扫描设备生产厂家和医院都要参与数据格式标准的制定与实施。

（3）诊断标准

在医疗影像解读方面，图像识别技术的应用价值已经得到了行业的认可，其技术水平也不断提高。在今后的发展过程中，关于图像识别技术在医学影像解读方面的应用，要在现有基础上进一步优化其算法。比如，对于甲状腺结节的诊断，医生不仅要根据彩超呈现出来的图像进行诊断，还应该对抗体的反应、甲状腺功能的表现进行分析。要考虑患者基本情况、临床表征情况及其他相关因素对预测模型的影响，从不同维度出发，提高人工智能在医疗影像领域的应用效果。

◆加深合作，构建可持续的商业模式

目前，医疗人工智能企业主要采用与指定医疗机构合作的方式推广产品。产品应用离不开数据的支持，而数据是医院资产的重要构成部分，仅限于在医院内部使用。有些企业尝试采用类似软件销售的模式，将医疗人工智能产品销售给医院，但在产品资质审核、计费方面存在很多问题。为了解决这些问题，医疗人工智能行业应该建立并实施可持续的商业模式，积极联手医院与政府相关部门，面向医疗机构输出相应的服务。

举例来说，消化胃镜智能系统利用人工智能，依托云平台的数据挖掘，能够用于静脉曲张、胃癌等疾病的检测，帮助医生进行准确的疾病诊断，改进基层医疗机构的整体服务。医疗人工智能企业为促进其疾病筛查产品的应用推广，可以争取到当地政府的支持，在社区基层医疗机构实现产品应用的落地，并可获得政府提供的补贴。

◆明确医疗责任主体，划清权责范围

人工智能的应用不仅能够降低成本消耗，还能提高医疗诊断的准确率，为医生和病人提供高质量的服务。但目前人工智能辅助诊断的责任主体还难以确定。在与医疗虚拟助手进行互动的过程中，如果用户无法清晰、准确、全面地描述病情，会出现医疗助手制定的诊疗方案与用户的实际需求不匹配的问题。

◆制订人才培养计划，抢占战略制高点

在人工智能发展过程中，专业人才发挥着不可替代的作用。根据全球最大的职业社交网站领英（LinkedIn）发布的《全球人工智能领域人才报告》，中国对于AI人才的需求数量很大，总体需求已经超过100万，但同时中国也是AI职位空缺最严重的国家。尽管我国拥有海量的人工智能数据资源，但在人才资源方面，我国明显落后于发达国家。

"AI+医疗"领域对复合型人才存在着大量需求，但在我国，既懂得人工智能又懂得医疗的专业人才稀有。要想加快医疗人工智能行业的发展，就必须强化人才培养。

针对这种情况，政府部门提高了对人才的重视程度，颁布《新一代人工智能发展规划》，强调在人工智能发展的过程中，要重点打造高端人才队伍。与此同时，为了将国内人工智能高端人才集中到一起，国家还积极建立开放创新平台，为交叉学科研究的开展提供支持，加强科研、教育、生产领域的合作，共同发力人才培养。

总而言之，人工智能在医疗行业的应用场景非常丰富，与医疗行业的结合点也非常多，可以覆盖诊前、诊中、诊后整个医疗过程，在医院、医生、药企、检验机构等不同的领域落地应用，从而降低医疗成本，提高诊疗效率。目前，在我国的"AI+医疗"市场上，智能导诊机器人、病例与文献分析、医疗影像辅助诊断等领域备受关注，催生了很多实用的产品和工具。未来，"AI+医疗"将向更多领域拓展，如药物研发、基因测序、健康管理等，推动我国医疗行业发生翻天覆地的变化。

第9章　智能+金融：金融科技时代的来临

从3G、4G的发展经历来看，移动通信技术的发展在金融领域可能无法得到直接体现，但通信技术是一种重要的基础设施，对金融产业的影响是不容忽视的。3G时代，智能手机开始大规模应用，从而开启了移动金融服务时代序幕。4G时代，大数据、人工智能等技术因网络性能的提升而在多个行业得以落地。移动互联网的崛起，为互联网金融注入了巨大能量，金融服务方式、营销渠道等愈发多元化，人们通过随身携带的智能手机便可享受移动支付、手机银行等便捷服务。

所以，5G可能无法像人工智能、区块链、大数据等技术一样直接为金融业创造价值，它更多地将通过支撑其他技术和设施在金融领域的应用，从而完成对金融场景的重塑，使金融业获得一系列全新的增量。

"5G×AI"驱动的金融科技变革

5G网络的广泛应用，能够促使相关企业创新产品形态并搭建更多的金融服务场景。物联网汽车、智能音箱、可穿戴设备等都能在5G的支持下得以应用落地，为人机智能交互提供更多的选择。而人与设备之间的双向互动，会衍生出多种多样的金融服务，颠覆传统的金融产品形态，推出创新式服务。

◆基于5G的远程金融服务创新

利用5G技术，银行能够为客户提供远程柜员服务。通过该服务，客户足不出户就可以通过视频方式与工作人员进行沟通。在5G网络的支持下，客户可以通过个性化ATM的界面操作，也可以利用智能手机与银行柜员取得联系，进而获取自身所需的服务。

一方面，5G网络结合通信技术的应用，为新型设备及创新应用的发展提供了有力的支持。在此计划上，银行网点可采用VR/AR技术来改进自身服务，为客户提供更为优质的体验。通过虚拟现实技术与全息技术，银行能够以远程操控方式为客户提供开户验证服务，结合物理网点的应用，将线上及线下的运营统一起来，从整体上提高自身的管理及服务水平。

另一方面，5G网络的应用，能够让银行的运营冲破时空因素的束缚，扩大网点服务的辐射范围。此外，银行还可利用全息技术、虚拟现实技术在人口稀疏、偏僻的区域打造无人网点，以立体化方式为客户提供金融服务，提升客户的体验。

◆基于可穿戴设备的支付安全认证

5G在金融业中的应用价值还能够体现在可穿戴设备上。如今，可穿戴设备在金融支付中的应用越来越普遍。传统模式下，可穿戴设备主要采用生物识别数据来验证用户的身份，在用户登录设备时对其指纹进行扫描，并与此前存储的指纹信息进行对照。利用5G技术，可穿戴设备能够对原有的生物识别检验方式进行升级，用面部识别代替指纹识别，并有望根据用户的行为特征（如信息录入方式及习惯）来判断设备使用者是否为用户本人。

可穿戴设备利用5G技术接入云端，能够以更快的速度、更少的干扰获得更多的数据资源，与金融服务之间实现数据共享。与此同时，可穿戴设备能够依托云平台提高数据分析效率，降低生物识别的误差率。

如果发展顺利，银行与其他金融机构将打破传统模式下仅依靠一种生物识别方式判断用户身份的局限性，借助5G技术，从不同设备获取用户的数据信息，通过进行多层身份判别来提高账户的安全性，从而减少身份认证出现失误的可能，避免出现安全问题。

◆ **数据搜集和财富管理**

基于5G技术的应用，银行能够顺利搜集到客户的数据，为其提供账户保护服务，并扩大服务范围。利用5G的低延时特征，可以迅速获取客户位置及支付信息，及时完成数据传输，并结合AI技术的应用打造个人银行服务。在进行服务的过程中，银行能够获取海量的用户行为数据，据此推出财富管理服务。比如，在用户进行娱乐消费时，自动化财务助理会告知用户，本周的娱乐服务消费已经接近预算上限，并为用户提供省钱方案。

◆ **精简理赔流程**

在5G网络的支持下，负责处理保险业务的损害评估人员能够直接把高清现场照片传输给公司总部，而不必经由办公室电脑转发。如此一来，保险公司就能加速处理保险业务，结合人工智能技术的应用，精简理赔流程。

5G技术的应用落地，能够打造数据传输更快、安全性更高、更为稳定的网络体系。银行与其他金融机构利用5G网络能够有效提升生产力，加速整体运转，降低运营风险。

AI技术颠覆传统金融生态

"智能＋金融"行业发展需要政府和产业链各参与主体的协同合作。金融机构作为"智能＋金融"产业链的核心参与者，将发挥不可取代的关键作用。

一方面，不良贷款余额的增长促使金融机构必须对风控模式和手段进行创新，而"智能＋金融"在推动金融机构创新风控模式和手段方面具有非常积极的影响。造成金融机构风控能力不足的因素主要包括：金融机构自身对系统和流程建设缺乏足够重视；对客户违约风险的监测能力较低；未能建立完善的系统性风险预警机制等。

另一方面，央行于2016年开始实施宏观审慎评估体系（MPA），对金融机构的监管力度逐步提升。在这种背景下，积极借助人工智能等新兴技术增强自身的风险管理能力，推动运营管理模式转型升级，就成为金融机构的必然选择。

实现人工智能和大数据、云计算、区块链、物联网等新兴技术的融合应用，是金融行业持续增长的重要驱动力。比如，大数据能够为机器学习训练、算法模型优化等人工智能应用方面提供强有力支持；云计算将赋予人工智能系统强大的运算和存储能力，提高金融机构的成本控制能力；区块链能够解决人工智能应用潜在的信息泄露、关键数据被篡改等问题，保障金融交易安全。

金融业作为支撑人类社会经济发展的关键驱动力量，其与人工智能的碰撞又将擦出怎样的火花？这就需要我们将视角放大到整个金融业的业务场景，下面选取金融业价值链的几大核心环节进行具体分析。

◆银行业

和保险、资本市场领域相比，人工智能技术在银行业的应用水平有比较优势。近几年，大量国内外银行积极布局人工智能。走进银行网点、打开银行App，可以发现很多的人工智能产品与服务，覆盖了客户身份识别、信用评估、营销、风控、客服等银行业多项业务。

以AI客户身份识别应用场景为例，远程开户、支付结算、银行柜台联网核查、VTM（virtual teller machine的简称，远程视频柜员机）自助开卡等业务都会涉及客户身份识别。据统计，北京天诚盛业科技有限公司开发的人脸识别软件平台，利用生物识别技术快速精准地提取客户关键信息并进行身份验证，可提高银行柜台人员工作效率约30%，减少客户约40%的等待时间。

利用人工智能技术，银行可以描绘立体化用户画像，建立潜在客户挖掘模型，实现投资组合方案、反欺诈、风险预警，以及客户生命周期管理的分析和决策智能化，自动对客户资料进行审核、生成报告、和客户沟通等。可见，人工智能技术具备了广阔的商业探索空间。

◆保险业

虽然人工智能在保险业的应用仍处于探索阶段，但应用前景非常广阔。目前，德国安联、法国安盛、中国平安等国内外保险巨头纷纷探索人工智能在保险业全流程的落地方案。事实上，人工智能不但能够在保险业的营销、承保、理赔等前端环节发挥重要作用，在后端资产管理环节同样具备广阔想象空间。

利用人工智能，保险机构可实现财务状态检测、客户行为追踪、远程理赔查勘等环节自动化，提高保险产品开发、保单定价、交叉销售、客户流失预测、反欺诈检测等处理能力，从而大幅度优化客户体验，并增强保险机构市场竞争力。

◆资本市场业务

在资本市场业务应用方面，人工智能在数据分析、营销、交易、证券发行、投资决策支持等环节具有重大应用价值。利用人工智能技术，投资机构可以和客户进行全渠道实时交互，实现报告生成、文档解读、跨资产类别清算等环节自动化，有效提高研究分析、风险建模、投顾服务、股票交易等处理能力。

◆金融业支持性职能

金融业支持性职能（比如合规、人力、财务等）有大量重复性工作，应用人工智能技术可以由机器人完成重复性工作，降低人力成本，并提高组织运行效率。特别是金融业后台职能岗位和文档处理、数据分析、合规风险检测相关的岗位，尤其适合用人工智能对其改造升级。

通过应用人工智能，金融机构可以开展大数据运营分析，持续提升自身的管理水平，实现会计、法律研究、人才招聘、协助执法等环节自动化，提高网络风险检测、内部合规侦测、可疑行为预警等方面的水平。

传统银行的数字化转型路径

近几年，以机器学习、深度学习为代表的人工智能技术快速发展，在金融、交通、零售、医疗、制造业等诸多领域展现出了惊人能量。市场需求的日益庞大、利好政策的陆续出台、各企业的广泛布局等，使我国的人工智能行业进入快速发展期。具体到银行领域，应用人工智能增强银行的风控管理能力、业务创新能力等，实现提质增效，成为银行业的一种主流趋势。

然而人工智能在银行业具体应用过程中，由于技术瓶颈、应用成本、经济效益等诸多因素的限制，导致其应用也遇到了诸多困难。

◆AI技术在银行业中的应用难点

认知、预测、决策和集成解决方案是人工智能技术的重要组成部分，而数据、算法、计算能力则是人工智能技术的三大核心要素。具体而言，人工智能在银行业的应用难点如下：

（1）数据和算法尖端人才非常稀缺

想要推动人工智能技术的发展必然离不开人才的强有力支持，特别是尖端人才在推动人工智能技术研发取得重大突破，以及行业具体应用等方面更是扮演着非常重要的角色。目前，银行中的技术人才主要是软件开发人才，这些人才拥有的知识和技能不足以支撑人工智能研究与应用。

数据与算法领域的尖端人才缺失，导致银行难以完成对各领域海量数据的整合、分析，从而限制了人工智能在金融场景中的应用。事实上，高校、科研机构作为银行科技人才的重要渠道来源，同样存在人工智能特别是基础算法尖端人才缺失问题。

（2）大数据素材准备时间长、成本高

大数据是对智能算法进行训练、辅助管理决策、推动产品创新的重要战略资源。而人工智能在国内的研究应用尚处于初级发展阶段，如果样本数据不足，分析结果很难保障足够的精准度。

来源丰富、规模庞大的大数据是人工智能崛起的基础条件，但这也为人工智能的应用带来了较大困扰。大数据搜集、标签化处理等素材准备阶段，需要付出较高的时间与人力、物力成本，部分银行对人工智能的应用前景缺乏足够认识，付出了较高成本却无法在短时间内带来收益，容易使它们中途放弃。

（3）数据供应生态的不健全

AI技术在金融领域的应用，需要有多维度的完善数据提供支持，具体见表9-1。

表9-1 AI金融应用的数据支撑

数据支撑	具体内容
客户基本信息	个人身份、交易流水、社交关系等信息
客户偏好信息	产品购买偏好、消费习惯等信息
客户行为信息	App行为数据、银行网点行为数据等信息
客户分析信息	客户信用评分、价值评分等信息

不难发现，即便是已经储存了海量大数据的银行，仍存在数据类型单一问题，拓展数据获取来源，整合更多的外部数据是其必然选择。目前，我国公共数据开放力度较低，缺乏统一的数据开放标准，未能建立完善的数据生态系统等，又给银行获取外部数据带来了较大阻碍。

（4）不可预见性和可能风险难以有效规避

集成多种技术和部件是人工智能终端产品的一大重要特征。而深度学习训练数据和学习过程具有不可预见性，存在一定的潜在风险。而且出现问题后，难以对发生问题的具体环节和部件进行精准定位，无法在短时间内快速解决问题。

此外，网络世界中存在一系列的偏见和歧视，人工智能深度学习后可能会将这些偏见和歧视带入决策环节，从而使银行遭遇道德甚至法律风险。

（5）海量高速计算资源和传感器成本较高

银行计算资源较为丰富，而云计算技术的发展使计算能力大幅度提升。然而，人工智能在应用至银行具体业务过程中，需要使用一系列的深度学习复杂算法，而这类算法又对计算速度提出较高的挑战。目前，满足大规模高速并行运算的GPU（graphics grocessing unit，图形处理器）、FPGA（field programmable gate array，现场可编程逻辑门阵列）专用设备，为信息搜集、模式识别等提供支持的传感器，均需要较高的建设与运维成本，这就给人工智能在银行业的落地应用造成了较大阻碍。

◆ AI技术在银行领域的应用对策

为解决上述问题，我国银行业需要从顶层设计、数据资源整合、数据生态圈建设、统一标准、加快技术普及进程等做出更多的努力，具体有如下几个方面：

（1）完善顶层设计，建立人工智能综合试验区

基于银行业的现实情况、未来趋势、在国民经济中的战略定位等，为人工智能在银行业的应用进行顶层设计和专项规划，进一步加强对数字技术与创新能力的重视，推进人工智能核心技术和关键应用取得重大突破。加快人工智能专家团队建设，引导银行和科技巨头、高校、科研机构等进行深度合作，促进科技成果的研究转化。

选取在技术、资金、人才等方面具备一定领先优势的区域作为人工智能综合实验区，为银行将AI应用至具体业务提供指导与帮助，建立AI应用风险应急机制，将风险控制在可接受范围。待应用相对成熟后，再向更大范围推广普及。

（2）整合现有数据，合理规划、清洗和标签化

银行是一个典型的信息密集型服务产业，对数据有较高的依赖性，数据规模、数据潜在价值等在各行业位居前列。此前，国内银行数据管理模式以联机在线数据库、数据仓库为主。如今，国内银行数据管理模式则在向基于Hadoop框架的海量数据存储与高速并行计算平台转型，这种模式需要建立统一的数据标准和信息模型，高效整合信息、渠道、流程等。

在数据内容管理方面，国内银行需要确保管理系统对内外部海量的格式化、非结构化数据兼容，这样才能实现基础数据的同源统一。此外，想要发挥数据的分析和AI学习价值，需要对数据进行规划、清洗和标签化，从而使人工智能具备跨部门、跨行业、跨区域获取数据资源并进行深度学习的能力。

（3）建立安全可控、广泛分享的数据生态圈

政府部门及行业协会需要加快建立并完善数据标准，在确保安全性、合法性的基础上，推动公共数据的开放共享，最终建立一个多方参与的数据生态系统。只有建立统一的数据标准，数据广泛共享和系统间交互操作才具备落地可能，对拓展人工智能的应用范围与价值具有重要作用。

上市公司财报、企业公示信息等行业特定信息是共享数据的重要来源，政府部门与行业协会需要为这类数据的共享建立统一标准。与此同时，为数据脱敏建立标准和规范，运用合理的管理手段和科学技术，避免未经授权的信息被检索、泄露、篡改、损毁等，实现数据的安全、合规利用。

（4）完善定责标准，确定人工智能检测方法

政府部门需要为人工智能应用建立定责标准及检测方法，明确金融机构、技术供应商、平台方等各方的权利和责任，避免因为权责不明确导致消费者合法权益得不到保护。

基于深度学习技术的人工智能产品拥有自主学习能力，企业难以完全控制其行为和决策，适度为其划定免责空间是很有必要的。同时，人工智能算法是由企业的开发团队编写而成，对由于人工智能算法应用造成的风险，企业也应该承担一定的责任。

（5）推动技术普及，降低设备使用成本

高校、科研机构、媒体、科技企业等各方要积极合作，加快人工智能技术在银行业的推广普及，为银行业智能金融产品与服务创新提供技术支持。同时，技术与设备开发商需要从产品设计、系统运维、商业模式等多种角度帮助银行降低人工智能设备应用成本，使中小银行等金融机构也能享受到技术红利。

基于"AI×大数据"的智能风险防控

在国内各行业纷纷进入转型升级阶段的背景下，银行等金融机构承担着较高的业务风险。如何加强风险防控能力，是银行业面临的时代课题。传统银行风险管理手段较为单一、落后，已经很难适应现代银行业发展需要，充分借助大数据、人工智能等技术，提高银行风控水平成为必然选择。

◆金融风险"多"和"少"问题

风险管理是银行业的重中之重。完善银行风险管理体系的重点是提高资产质量稳定性，使风险抵补能力处于合理范围。为此，中国银监会公布了《中国银行业实时新监管标准指导意见》《商业银行资本管理办法（试行）》等监管规定，帮助国内商业银行对接国际银行监管标准，加快完善金融风险管理体系。

作为国际银行监管标准，《巴塞尔新资本协议》存在三大支柱：最低资本要求、监督检查和市场纪律，后两个支柱是对第一支柱的支持和辅助。最低资本要求提供了银行处理市场风险、信用风险、操作风险时可以采用的资本充足率计算方法。而市场风险、信用风险、操作风险也是全球范围内银行业面临的普遍性风险。

- 市场风险主要是银行受利率、汇率、股票、商品价格等变化而遭受损失的风险；
- 信用风险则是借款人或交易对方不愿或无力履行合同而使银行面临损失的风险，也被称为违约风险；

● 操作风险是因为内部程序、信息系统存在问题，工作人员操作失误，外部事件影响等而使银行面临损失的风险。

建立完善的银行风险管理体系需要从迎合监管需求出发，对风控手段进行优化完善，而大数据风控便是一种适应数字经济时代需要的风控手段。利用金融大数据建立信用评分模型，可以帮助银行降低信用风险；利用大数据识别交易欺诈，则能降低银行的操作风险等。

为更好地实现普惠金融，银行等金融机构应该让更多的民众享受到优质全面的现代金融服务。而现有征信体系覆盖人群范围不足，再加上骗贷、违约、欺诈等事件时有发生，抑制了银行推进普惠金融的积极性。面对一系列的金融风险，银行需要积极行动起来，加快推进大数据和人工智能在自身经营管理中的运用。

◆AI应用的"深"和"浅"问题

人工智能是社会各界广泛关注的前沿科技，虽然它不是一个新生事物，但过去几年数据规模的快速增长、算力的大幅度提升、计算机软硬件性能持续优化等，促使人工智能技术有了长足发展。人工智能产业应用创造了惊人能量。在零售领域，机器学习算法可以帮助零售商高效、精准地进行销售预测、库存管理及价格优化；在医疗领域，医疗机构应用图像识别技术可以帮助繁忙的医生快速分析医疗影像；在银行风控领域，人工智能技术的应用前景也非常值得我们期待。

当然，在不同阶段，人工智能在银行风控领域的应用层次存在一定差异。在初级阶段，人工智能的应用属于"短平快"的浅层次应用。此时，银行更多地将人工智能风控作为对传统风控手段的有益补充，比如在客户开户环节，通过人脸识别、黑白名单自动匹配等，控制决策风险。

同时，人脸识别和黑白名单自动匹配所遵循的规则，主要是根据工作人员积累的经验，以及从一些已经发生的金融风险事件中提取的数据。此外，人脸识别和黑白名单自动匹配算法不能自动学习新的风险管理模式，而欺诈者通过对这些规则进行分析，可以找到一定的方式绕过它们。简单地说，在人工智能浅层次应用阶段，模型算法需要由人工为其预设规则，帮助其识别善恶。

而进入人工智能应用深层次阶段，银行可以通过人工智能技术建立风控模型，并将模型应用至贷前审核、贷后追踪、授信定价、交易欺诈侦测等各种金融业务之中，真正实现风控管理智能化。更为关键的是，该阶段模型算法可以自主利用海量数据不断学习，持续对规则进行优化完善，识别精准度和适用范围都将得到极大的提升。

目前，部分行业先行者已经找到了一些人工智能在金融风险管理领域的应用解决方案，比如能够对欺诈风险进行量化的智能模型。该模型可以利用交易特征变量与案件数据进行学习，从而了解哪些交易是正常的，哪些交易是非法的。将该模型应用到账户登录、交易等场景中时，还能对正常用户行为和欺诈用户行为进行识别，从而帮助银行降低欺诈风险。

◆ **数据的"大"和"小"问题**

我们可以从三个方面感受大数据对银行风控的影响之"大"：

● **评估维度多元化**：在大数据的支持下，银行风控评估维度不再局限于金融体系数据，其他领域和行业的数据也将被用于银行风控评估之中。

● 参与机构多元化：征信机构、科技企业、数据平台等都将参与到银行风控之中。

● 应用场景多元化：大数据的应用，帮助银行精准把握并挖掘用户需求，从而推动银行开发一系列全新的产品与服务。

大数据对银行风控的"小"可以理解为银行风控愈发垂直化、精细化。大数据可以让银行发现很多传统风控手段无法发现的细节问题，更为深入地对客户征信、交易过程等进行评估，从而大幅度降低银行的经营风险。大数据等科技的商业价值，也正是通过一系列的垂直化应用场景体现出来的。

未来，在交易前，大数据风控模型就可以帮助银行拒绝大部分怀有恶意欺诈目的的客户，还能识别出那些虽然没有欺诈意图但还款能力不足的客户。当客户在交易后出现违约行为时，大数据风控模型可以帮助银行快速找到借款人的相关信息，使银行减少损失。

◆基于"AI×大数据"的智能风险防控体系

随着科技的不断发展，犯罪分子的欺诈模式和欺诈手段愈发多元化、高端化，银行必须对自身的风控模式和手段进行革新升级，才能有效防范欺诈事件。而打造覆盖事前预警、事中监控、事后分析的一体化风险防控体系，成为银行的必然选择。

（1）事前预警

在欺诈事件尚未发生前，采取有效手段规避风险，是银行风控最为理想的情况，而基于大数据和人工智能的风控预警模型使之成为可能。

（2）事中监控

当犯罪分子攻击银行信息系统时，如果银行的风控平台直到信息系统被攻破后才发出警报，那么，这个风控平台的价值是极为有限的。由于新型欺诈技术和手段的应用，在事前预警环节，风控平台可能无法精准识别出欺诈行为，所以，对交易过程进行监测，做好事中控制也是非常关键的。比如银行可以运用风险规则引擎，对业务规则进行动态分析和管理，有效提高风控平台的灵活性。

（3）事后分析

利用复杂网络技术和对海量多元数据的分析，从多个维度对金融场景进行关联分析，避免小事件酿成大事故，并为公安机关的案件侦破工作提供支持。比如将异常账户的设备号、IP、地址、身份证号、手机号、社交媒体等关联起来，可以帮助银行大幅度提高对刷单、多头申请、支付盗卡、撞库登录等欺诈事件的识别能力。

未来，在大数据和人工智能的支持下，银行可以对信贷全生命周期做风控管理。从贷前刻画用户画像和反欺诈设备，到贷中授信和追踪，再到贷后监控、管理、违约应对等一系列环节，都将实现风控的智能化管理。

金融行业积累的大规模数据为人工智能的应用奠定了良好的基础。除此之外，金融行业烦琐的数据处理工作、金融普惠化和场景化的创新也需要人工智能提供支持。在金融行业，人工智能的应用场景有很多，例如远程金融、信用评估、风险防控、保险理赔等，可以切实提升服务效率，优化用户体验。虽如此，但人工智能在金融行业的应用仍处在初创期，在各细分领域的应用仍有较大的发展空间。

第10章　智能家居：构建AIoT智慧生活体验

智能家居：全球逐鹿下的新战场

随着智能家居市场迎来新一轮的爆发期，许多巨头企业都在该领域展开布局，企业之间的竞争日益激烈。无论是海外科技公司还是国内同类企业，都在积极开发智能家居产品，或者从战略层面入手，力图占据智能家居市场的制高点。这些实力型企业的入局，有效带动了整个智能家居市场的发展，为后期的市场爆发打下了基础。

在AIoT技术的驱动下，智能家居产业呈现出蓬勃发展之势，逐渐形成完善的生态体系，让人们对智慧生活充满了希望。

◆国内外智能家居发展概况

（1）全球智能家居发展态势

近年来，世界各国的智能家居行业都呈现出良好的发展态势。根据知名市场调查与咨询公司MarketsandMarkets发布的市场研究报告，2020年至2025年期间全球智能家居市场的年增长率为11.6%，到2025年全球智能家居市场规模有望超过1353亿美元。

在5G通信技术快速发展的今天，人工智能技术的水平也在不断提高，语音识别、深度学习技术在越来越多的领域得以应用。智能家居的发展得到了技术上的支持，向市场上推出了更多的新产品，并逐步建立起完善的生态体系，智能家居产品的用户数量也将持续增加。

从细分领域来看，市场容量最高的是家庭自动化，家庭安全系统、家庭娱乐的市场容量也比较高，相比之下，生活能源管理、环境辅助的市场容量较低。由此可见，多数企业以生产家庭自动化、家庭安全以及家庭娱乐类智能家居产品为主。

（2）我国智能家居发展态势

我国智能家居经历了四个发展时期：1994年至1999年为萌芽阶段；2000年至2005年为开创阶段；2006年至2010年为徘徊阶段；2011年至今为融合演变阶段，我国智能家居的发展正处于融合演变时期。

自2011年以来，智能家居行业以蓬勃发展之势出现在市场上，人工智能技术的应用促进了智能家居行业对传统模式、传统业态的改革，开发出了众多新兴技术，与之相对应的市场需求也迅速增加。为进行市场开发，国内许多实力型企业纷纷发布智能家居新产品。与此同时，传统的行业格局被打破，开始出现不同标准、不同协议之间的兼容，市场上涌现出众多新品。相信在不久的将来，智能家居市场的高速发展时期就会到来。

◆ 全球逐鹿：开启智能家居新战场

（1）国外巨头在智能家居领域的布局

脸书、谷歌、微软、亚马逊、苹果等海外科技公司在平台、系统中枢发力，突出展现平台优势，旨在打造完善的生态体系，利用物联网进行系统化的家居控制，在整个产业链上实现资源整合，引领整个市场的发展。国外巨头在智能家居领域的布局如下：

脸书：脸书开发的人工智能管家Jarvis（中文译为"贾维斯"）于2016年12月正式亮相。该智能家居产品拥有多样化的功能，可以帮助用户准备早餐、洗衣服、接待客人、制定时间表、调节室内温度湿度，并能够按照用户的需求切换中英文。

谷歌：谷歌研发的智能音箱产品Google—Home，于2016年5月在谷歌I/O开发者大会上闪亮登场。谷歌于2014年收购了智能家居公司Nest Labs，并于2016年8月对该公司的平台团队进行了重组，为后期深入开发智能家居领域做准备。

微软：作为Windows10系统的新功能，微软的智能家庭中枢Home-Hub于2016年12月亮相。该功能面向家庭用户，可以与安装了Cortana小娜助手的电脑共同发挥应用价值，为家庭用户提供多种服务项目，让用户能够应用表格、日历、音乐等功能，还能够查看文件内容。

亚马逊：亚马逊也在智能家居领域展开了布局，于2014年发布三代智能蓝牙音箱Echo，与智能家居软件Alexa搭配使用，进行智能控制。Echo会将用户发送的语音信息传递给Alexa，利用其语音助手服务对家电产品进行控制，还能网络购物。亚马逊为第三方厂商提供了开放接口，为Belkin、iDevice、Vivint等品牌在智能家居领域的布局提供了有效的平台支持。其智能蓝牙音箱Echo面世后受到了大批消费者的追捧，销量持续上升。

苹果：苹果公司在2014年WWDC（全球开发者大会）上推出人工智能家

居平台HomeKit，建立起相对成熟的智能家居生态体系。利用HomeKit组件与Siri智能语音系统，用户可以对智能家居产品进行智能控制，完成不同设备之间的连接，享受优质的智能生活。

（2）国内智能家居市场的竞争格局

经过一段时间的探索，国内智能家居市场逐渐形成了清晰的竞争格局。如今，在市场竞争中占据主导地位的企业主要包括四类，具体分析如下：

传统家电企业，比如海尔、美的等，这类企业对产品进行了智能化升级，同时打造出一系列智能家居平台与智能家电产品。以海尔为例，该公司推出的智能家居生活解决方案"海尔U-home"，在应用人工智能技术的基础上，采用图像识别、语音识别、人脸识别等方式，利用互联网、物联网实现了各类家居设备之间的互联互通，能够对用户室内的智能家电产品进行控制。

实力型互联网企业，以阿里、百度、腾讯为代表。这类公司积极开发智能家居产品、服务并进行内容提供，通过与传统家电企业联手共同在智能家居领域展开布局。举例来说，阿里与美的达成合作关系，凭借自身的云服务平台与渠道优势，积极参与到智能家居市场竞争中；腾讯发布企鹅智慧社区SaaS，大力开发智能家居线下市场，在智慧社群领域进行开拓，并联手欧瑞博等第三方企业展开一系列布局。

表现突出的手机厂商，以小米、华为为代表。比如，华为于2015年公布HiLink连接协议，在智能家居领域中展开布局，同时积极联手电信、美的等公司，不断完善智能家居服务方案，解决智能家居设备连接过程中存在的问题。一般来说，这类企业拥有清晰的定位，能够充分把握自身的优势与不足，致力于开发智能家居产品并进行服务提供。

除此还包括运营商、视频网站在内的其他企业。其中，运营商依靠网络运营过程中积累的丰富经验，进行智能硬件及软件产品的开发；视频网站在出售智能电视产品的同时，向用户提供内容服务。

AIoT 赋能智能家居新体验

人工智能在智能家居领域中的应用，能够提高家居产品的智能化程度，使安防系统、能源管理系统、影音系统、照明系统实现智能化运转，让智能家居产品具备认知能力甚至决策能力。另外，先进技术的应用有助于构建智能家居系统，使智能音箱、智能电视、机器人等在智能家居系统中发挥更加重要的作用，提高智能家居系统的自主控制能力，使其能够根据用户的个性化需求提供服务。

智能家居依托用户的住宅，利用物联网技术建立起包括云计算平台、软件系统与硬件系统在内的完整的家居生态体系。其中，硬件系统由智能家具、安防控制设备、智能家电等共同构成。在这个生态圈里，设备本身具备自我学习能力，用户能够对智能设备远程控制，不同设备之间能够进行连接，还能对用户的行为数据、个人习惯等进行把握，据此为其提供针对性的服务，让用户获得安全、便捷、高效的生活体验。

◆智能家居互联互通，成AI最佳应用场景

现阶段，多数智能家居产品仍以单品形式推向市场，智能家居方案也缺乏系统性，不同品牌的产品之间相互独立，无法带给用户综合性的体验。运用先进的人工智能技术，则能够对各类智能家居产品进行统一控制，实现不同单品之间的互联互通，建立起系统化的智能家居生态，发挥产品之间的协同作用。

利用AI技术，企业能够开发更多的智能软件及相关的服务项目，提高产品的交互能力。人工智能技术在智能家居领域的应用，可以提高硬件产品的个性化计算能力，使智能家居产品适用于更多的场景，利用人机交互、语音识别等技术提高智能家居产品的智能化水平，为用户提供更加优质的体验。

另外，蓝牙技术、Wi-Fi技术也有助于实现智能家居产品之间的连接，促进统一通讯标准、云端连接标准的建设与完善，实现不同智能家居设备之间的数据发送与接收，让用户获得更为完整的智慧家庭解决方案，从整体上提升用户的体验，为其提供更多的便利。

◆提升智能家居产品交互体验

语音交互比较贴近人们的日常生活习惯，具体是指用户向机器发送语音指令，使其按照自己的要求进行运转，方便日常生活。语音交互在某些场景下的应用比其他交互方式更具优势，可以实现远程操控，省去手动操作的麻烦，提升用户的产品使用体验。未来，多数智能家居产品将具备语音交互功能。

如今，语音交互技术的发展取得了显著的进步，语音识别能力大大提升，能够将中文识别的误差率控制在3%以内，语音分析技术、远场识别技

术、语义理解技术、多轮对话技术等都得到了发展，能够通过语音交互对智能设备进行控制，在智能家居领域实现应用落地。

其他交互方式如手势识别、计算器视觉技术作为语音交互的补充，也得到了快速的发展。比如，亚马逊Echo Show智能音箱产品添加了触摸屏；智能电视不仅具备语音交互功能，还能利用计算机视觉技术提取视频信息的特征，帮助用户进行视频处理，Yi+在天猫魔盒推出的虚拟AI助理"瞄一下"是这方面的典型代表；智能冰箱利用计算机视觉提取冰箱内的食品信息，为用户提供健康管理与网络购物服务等，能够在家居生活场景中实现不同交互方式的综合运用，为用户的日常生活提供更多的便利。

此外，智能家居平台使创新型互联网服务"IFTTT[1]"的实现成为可能。智能家居系统能够对不同家居产品进行统一控制，让用户根据自身的需求进行个性化设置。未来的智能家居系统能够利用人工智能技术提取用户个人信息，实现多种产品的联动，真正做到根据不同用户的个性化需求进行服务输出。

◆实现内容和服务的拓展

要想充分把握智能家居产品用户的需求，据此进行更为深入的市场开发，就要对智能家居的语音入口准确定位，包括机器人、智能电视、智能音

1　IFTTT是"If This Then That"的缩写，IFTTT旨在帮助人们利用各网站的开放API，将脸书、推特等各个网站或应用衔接，完成任务，使"每个人都可以成为整个互联网不用编程的程序员"。

箱在内的硬件产品都可能在智能家居系统中发挥入口作用。

近年来，语音交互逐步代替了以往的触屏操作、鼠标操作。在今后的发展过程中，企业可借助语音交互技术的应用提取用户信息，开发出更多的服务，结合物联网的应用对传统的商业模式进行改革，包括智能电视、机器人、智能音箱在内的智能产品都将具备自然语言处理及语音识别功能。

这些产品都有可能成为智能家居入口，除了提供本身自带的功能外，还会延伸出其他移动互联网服务，成为智能家居系统的控制中心。智能电视、机器人、智能音箱的应用给电商资源、付费内容带来了流量，企业可以获取更多的用户信息，在进行数据分析的基础上对于各类场景推出自身的服务，为用户提供更多的便利。

随着人工智能技术的深度应用，智能家居领域将获得持续性的发展。利用物联网技术、机器学习技术等，智能家居产品将变得越来越智能，更贴近人们的需求。以往，用户只能利用手机对智能家居产品进行控制，未来，人机交互将变得越来越普遍，其他更便利的控制模式也将实现落地。

在5G、AIoT等技术的共同驱动下，未来主动智能将代替被动智能促进智能家居产品的发展。智能家居系统有望具备自主决策能力。由此可见，人工智能与智能家居的结合蕴藏着巨大的潜力，智能家居领域将取得突破式的发展。

5G时代的智能家居变革

在2018年11月7日举办的第五届乌镇世界互联网大会上，中国移动在展区内展示了通过5G网络传输实时获取高清视频画面的情景，监控摄像机将几百米外的乌镇景区黄昏实时生活景象投放在110寸8K高清屏幕中，使人们对5G的应用产生了更多的期待。5G商业化进程日渐加快，智能家居产品将获得丰富的带宽资源，实现低延迟、高速传输。

◆5G驱动智能家居产业变革

5G主要给智能家居产业带来三个方面的重大变革：

（1）传输速率实现大幅度提升

5G的传输速率能够达到5Gbps甚至10Gbps，可达4G的50至100倍。智能家居设备之间以及智能家居设备与人之间的交互，都需要通过数据在网络中的传输实现，而更高的传输速率意味着用户可以更便捷、高效地获取多种服务，从而获得更为良好的居家体验。

（2）网络时延明显降低

4G的理论时延是10到20ms，而5G的理论时延仅为1ms。在5G网络的支持下，智能家居设备与系统的响应时间将大幅度缩短，第一时间满足用户的多元化需求。

（3）推动网络标准统一

目前，智能家居产品以单品为主，用户主要通过智能手机对其进行控制，而用户优良的居家体验需要多种智能家居产品和系统之间的协同合作，然而此前因为缺乏统一的网络标准，导致不同品牌、型号的智能家居产品不兼容，从而影响了用户体验。5G的发展，将有力地推动网络标准统一化，真正实现设备与设备、设备与人的实时交互。

◆ AI提升空间响应

人工智能技术的发展，可以将此前处于孤立状态中的设备接入用户居家场景，为创业者和企业提供更为广阔的发展空间。家电厂商、房地产商、安防企业、设备厂商、互联网企业等都可以在智能家居产业链中找到合适的定位。

房屋布局、居家环境、家庭安防、生活缴费与服务等都会因人工智能技术的发展而得到优化改善。近年来，谷歌、亚马逊以AIoT服务提供商的身份在智能家居领域进行深入布局。以智能音箱为例，二者分别推出了智能音箱产品Google Home、Amazon Echo，希望以智能音箱作为入口，连接用户家庭中的电视、空调、洗衣机等各种家用设备，从而打造智能家居闭环生态系统。而用户可以将智能音箱作为总控平台，对窗帘、灯具、面包机、空调等智能家居设备进行精准控制。

◆ 行业竞争再升级

前景广阔的智能家居市场，吸引了各企业的广泛布局，特别是华为、小米、美的、海尔、百度、腾讯、阿里等巨头的密集布局更是产生了强大的示范作用，从而使国内市场出现了家电厂商、互联网企业、房产商、运营商等百花齐放的局面。不过，智能家居产业缺乏统一标准这一痛点至今仍未得到有效解决，这将对我国智能家居产业的长期发展造成一定阻碍。

5G技术在各行业的应用并非孤立，而是和人工智能、物联网、大数据等技术密切关联，其在智能家居领域的应用，将加快智能家居行业网络接口标准、数据传输协议等标准统一进程，有效改善智能家居企业各自为战的不利局面。

5G支持每平方公里连接上百万台设备，从而为智能家居产品的互联互通、协同联动奠定了良好基础。目前，在智能家居企业建立的样板间中，以智能音箱为控制中心，最多可连接6至8款智能硬件产品，而5G技术的应用，将使这一数字实现突破式提升。这种背景下，不同智能家居企业对智能家居进行标准统一的积极性将进一步提升。

在未来多家企业共同打造的智能生态系统中，智能设备生产商、技术供应商、渠道商等将协同合作，共同为终端用户提供产品全生命周期服务。当然，对于智能家居生态系统主导者而言，必须具备强大的资源整合能力，对研发、生产、销售、服务等各环节进行持续优化，协调好各方利益分配，推动生态系统的可持续发展。从这一角度来看，目前，拥有这种实力的国内企业相对较少。

随着5G的大规模商用，智能家居市场将迎来快速增长期，越来越多的智能家居企业有机会融入用户的日常生活之中，通过科技驱动的产品与服务创新为用户创造良好的居家体验的同时，实现自身的快速发展。

未来智能家居行业的发展趋势

智能家居领域的快速发展带动了相关的市场需求，近年来，人们对智能家居单品的需求逐渐趋于稳定。与此同时，相关的技术应用水平也在不断提高，促使智能家居产品的应用范围越来越广泛，消费者数量不断增多，消费者的年龄层次也逐渐扩大。

近两年，人们对家庭智能安防类产品的关注度迅速提高，与此同时，智能家居系统如电器控制系统、智能照明系统的发展水平也日渐提高。在市场需求的驱动作用下，智能家居产品的类型也逐渐增多，除了应用于家庭安全防护等场景中，还逐渐在节能环保、家庭医疗健康管理等更多场景中发挥着越来越重要的作用。由此可以推测，未来智能家居的影响范围将不断扩大，具体呈现出如下几个趋势：

◆智能化程度提高，人际交互性能提升

语音识别、指纹识别逐渐代替了此前的Wi-Fi联网控制，人机交互能力显著增强，智能家居产品的智能化程度不断提高。与此同时，使用智能家居产品的用户数量也在不断增加，覆盖的年龄层越来越广，老人和孩子也开始使用此类产品。技术的发展，用户范围的扩大，将进一步降低智能家居产品的应用复杂性。

人机交互性能的提升，智能化程度的提高，能够推动智能家居产业的发展。比如，智能安防类产品在诸多场景中实现了应用，智能摄像头、指纹锁成为热销产品。在深度学习、智能感知技术发展的基础上，智能温控、智能照明产品也纷纷涌现在市场上，智能音箱产品更是受到众多消费者的追捧。未来，智能家居将在更多方面给人们的日常生活带来影响。智能家居市场将迎来快速发展时期，市场规模将持续扩大。

◆逐步形成完整的智能家居系统

以智能电视、机器人、智能音箱为代表的产品实现了对人工智能技术的应用，将在智能家居系统中发挥越来越重要的作用，为用户提供身体健康管理、智能陪伴、儿童教育等服务。这类产品的自我学习能力也将不断提高，

能够满足用户的个性化需求。

如今，多数智能家居产品仍由手机App进行控制，但随着以人工智能技术为依托的语音助手、具备语音交互功能的智能家居产品越来越多地出现在市场上，人们对此类产品认知不断加深，语音控制的应用范围也逐渐拓宽。在今后的发展过程中，利用人工智能技术，智能家居产品将具备自主学习能力，甚至能够独立进行决策制定，提供更加人性化的服务。

◆标准趋于统一，生态逐渐成熟

随着进军智能家居领域的厂商数量不断增多，出现在市场上的智能家居生态系统也越来越多，但不同企业之间的技术标准是相互独立的。以无线技术协议为例，目前市场上存在的蓝牙连接、射频技术、Wi-Fi等连接方式之间未实现互通。不同厂商推出的智能家居产品无法进行连接，原因是这些厂商在前期开发过程中投入了大量成本，出于保护自身利益的目的，无法实现产品兼容。这使得智能家居系统在应用拓展过程中面临着诸多阻力，用户在选购产品时也需要考虑更多问题，限制了智能家居产业的进一步发展。

如今，语音交互服务企业、芯片元件制造企业、操作系统厂商、协议标准组织等都在积极构建统一标准。以华为公司为例，在促进OpenLife智慧家庭解决方案落地的过程中，企业制定了API标准与相关的框架体系，依托智能网关打造开放性的平台，并联手合作伙伴共同建设行业标准。

由此可以推测，实力型企业将发挥带头作用，提高协议标准的规范化程度，实现不同标准之间的兼容，以整合化方式进行资源利用，加快整个智能家居产业的发展，逐步形成完善的生态体系。

◆强化数据安全，构建安全标准体系

快速发展的智能家居行业也面临着许多问题。除了技术应用与平台打造之外，设备联网后将承担更高的风险，面临着严峻的安全挑战。具体而言，不同的智能家居产品之间实现连接后，其中任何一台设备发生安全性问题，都会对其他设备产生影响。

数据安全管理和实施解决方案领域的领导者 Vormetric 公司就美国智能家居的安全问题进行了民意调查。调查结果显示，对智能家居产品的安全性存在疑虑的受访对象达到50%以上，担心智能家居系统遭到黑客攻击的受访对象也超过50%。当前，我国也存在类似的安全性问题。

安全方面的问题限制了智能家居行业的发展。针对这一问题，部分国家开发出了针对性的检测系统，但我国在这方面的发展仍然比较落后，无法给智能家居产品的应用提供安全保障。与智能家居产品相关的管理制度也有待建立与完善。另外，各类智能家居产品的硬件是不同的，这也增加了设备安全评估及问题解决的难度。

智能家居行业需要加快建设统一的安全标准体系，相关政府部门也要发挥积极的引导作用，为行业的发展提供机制层面的保障，提高整体发展的规范性。与此同时，厂商也要提高对安全问题的重视程度，建立数据应用制度，对用户数据进行加密处理，对数据访问者的资质进行审查，采取多种措施降低数据应用的风险。此外，用户本身也要重视智能家居设备的安全性问题，强化自身的安全意识，排除智能家居设备及数据应用的潜在隐患。

据统计，我国的智能家居用户超过一亿人，构成了一个庞大的智能家居市场。随着经济不断发展和生活水平不断提升，人们对智能家居的需求也会与日俱增。据专家预测，未来三年，智能家居市场将进入爆发期，呈现出井喷式发展。未来五年，智能家居产品将进入每一个家庭。相信在不久的将来，这些"会思考、能决策"的家居产品会改变我们的产业结构和生活方式。对于企业来说，如何抓住这个风口强势崛起是当下最值得思考的问题。

第四部分　数字治理

第11章 数字政务：国家治理范式革新路径

赋能政府，实现精准决策

近年来，AI、大数据、云计算等信息技术引领的新一轮科技革命正在全球范围内轰轰烈烈地开展，不仅为经济发展注入了新动能，而且对国家治理方式的创新产生了积极的推动作用。在向AI时代迈进的过程中，随着AI技术不断发展，在各领域深入应用，对政府管理模式与手段提出了新的挑战。在此形势下，政府管理应该主动适应AI发展浪潮，将AI与政务治理相结合，开启智慧治理新征程。

◆推动政务决策更科学高效

在网络环境下，信息传输渠道越来越多，传播速度越来越快，整个世界呈现出碎片化、去中心化、无结构化的新特点，领导决策面临的环境日渐复杂。传统的经验式、随意性、非定量式的决策模式根深蒂固，只有借助AI等新技术变革传统的思想观念、创新技术方法，才能适应新时代需求，做出科学决策。具体来看，AI与政务相结合可以带来以下两个方面的好处：

（1）可以解决传统政务管理面临的互联互通难、数据共享难、业务协同难问题。在政务管理方面，因为部门层级过多，导致信息传递速度比较慢，而且信息在传递过程中还有可能失真，上下级之间的垂直互动也比较困难。进入AI时代之后，政府管理结构逐渐扁平化，在AI技术的助力下可以实现业务协同，重构跨层级、跨地域、跨系统、跨部门、跨业务的信任和协同，打破政府部门之间的行政数据壁垒，通过技术创新让数据信息在部门间实现顺畅流通。

（2）重构决策模式与氛围，从凭借经验决策转变为凭借数据决策，实现智慧治理、科学治理。数据与算法是AI的两大基础。在我国，政府部门掌握了很多有价值的数据，通过对这些数据进行挖掘利用，政府部门可以做出更精准的决策。从图灵测试到深度学习，AI历经多年发展取得了重大进步。在大数据、云计算等新型信息技术的支持下，深度学习的计算能力不断提升，使得从海量政务数据挖掘中获取有价值信息的设想有了实现的可能。

◆推动经济运行更平稳、安全

在AI技术的赋能下，政府可以对行业性、系统性、区域性风险进行有效识别与感知，不断提升风险分析、预测与预警能力，推动经济平稳、健康发展。具体来看，AI对经济的保驾护航作用主要表现在以下三个方面：

（1）AI技术有利于资源优化配置，激发市场主体的活力。在经济管理方面，AI可以及时发现政府职能越位和市场失灵等情况，发出纠错提醒。另外，在AI资源共享与溢出效应的作用下，各项资源可以实现充分共享，而且可以对各个市场主体的需求做出精准把握，使市场要素实现自由流动、合理配置，使产业协作水平大幅提升，让产供销一体化格局清晰地显现出来，使市场资源配置效率不断提升。

（2）AI可以提前感知重大经济风险，科学防范、有效化解。随着AI技术不断发展，在经济管理领域深入应用，为"黑天鹅""灰犀牛"等潜在经济风险的感知与判断提供了新思路。AI、大数据等信息技术可以将重大风险事件数字化，转化为一些模型，通过对多源异构大数据进行耦合，找到重大风险事件的发展规律，提高对小概率重大风险事件的敏感度，做到居安思危、防患于未然。

（3）AI可以对经济风险做出准确研判，提供精细化的解决方案。AI可以辅助建立经济运行知识库，对海量经济风险事件进行分类挖掘，对各类风险信息进行有效整合与匹配，提升对各类风险事件的研判能力，为经济风险的防范与化解提供有效的解决方案，推动风险化解手段从"粗放型"向"精细化"转变，提高风险事件决策的科学性、有效性。

引领国家社会治理的新范式

在社会治理方面，人工智能技术的深度应用有利于对复杂的社会问题做出有效判断，提高政策评估、风险预警、应急处置等各项能力。人工智能与政务相结合，有利于整个社会实现精细治理、安全运转，促使社会管理服务做到"零距离"。

在人工智能的辅助下，政府部门可以更准确地洞悉社情民意，以更科学、有效的方式化解社会矛盾。人工智能有助于实现网格化管理与智慧化服务，做到责任与联动到网，管理与服务到格，通过让网格化平台与综合执法平台实现有机衔接、信息共享与协同处置，切实提升社会治理的标准化、精细化与专业化水平，对社情民意做到实时洞察、精准感知。

目前，政府正在重构社会多元治理理念。在这个过程中，政府必须主动适应智能化治理的新要求，树立"共建共治共享"理念，利用人工智能、深度学习、大数据等技术构建社情民意和预警研判模型，使社会治理工作实现动态化。同时，政府要借助人工智能技术让各项管理下沉到社区，实现人工管理与人工智能管理相结合，做到全天候防控，为居民日常生活与安全提供有效保障。

◆AI+行政审批

在人工智能技术的作用下，传统的审批模式正在被颠覆，智慧审批逐渐走入人们的视野。具体来看，人工智能与行政审批相结合会产生怎样的效果呢？首先，在深度学习技术的辅助下，传统的分割式、串行化审批模式将被颠覆，审批业务流程将得到有效优化。在事项拆分、事项分发、并联审批、协同监管等创新模式的推动下，一窗口受理、一站式审批、一条龙服务的便企利民目标将顺利实现。

人工智能在政务领域的应用将切实减轻审批人员的工作负担，使"事多人少"的问题得到有效解决。例如杭州引入机器智能识别，可以根据名称库和负面清单对企业申报名称进行评估查询、对比、判断、核准，极大地缩短了企业名称核准时间，切实提高了工作效率。总而言之，在人工智能技术的辅助下，行政审批的智能化程度将得以切实提升。

◆AI+行政监管

借助人工智能与大数据等技术实现"双随机、一公开"监管，即在监管过程中随机抽取检查对象，随机选派执法检查人员，抽查情况及查处结果及时向社会公开，切实提升智慧监管水平与风险预警、决策支持能力，营造一个更加健康、公平、公正的社会环境。

◆AI+政务服务

随着人工智能在在线政务服务领域实现深度应用，智慧服务将逐渐深入人心。目前，身份验证、服务推荐、智能客服和信息处理等智能化的政务服务已经在部分城市落地，凭借超高的效率与极简化流程受到了社会大众的热烈欢迎。未来，这类服务将越来越多，为人们的生活带来更多便利。

在人工智能时代，在线政务服务将向着精准化的方向发展，人脸识别、语音录入、智能推荐都将使得政务服务方式变得更灵活有趣、更有温度，不仅可以为市场主体增添活力，为人民群众的生活提供便利，还可以切实提高社会公众对智慧公共服务的接受程度。

虽然人工智能技术与政务的结合可以带来一系列好处，推动国家治理范式革新与重塑，实现智慧治理。但同时，人工智能在政务领域的应用也可能带来诸多问题，包括法律问题、伦理问题、社会问题等。即便如此，政府也要积极地推动人工智能与政务相结合，提高领导决策的科学性，为经济平稳运行、社会精准管理、政务高效服务提供强有力的保障，让人民群众享受到更便捷、更温暖、更具人性化的政务服务。

AI在政务服务中的多场景应用

近几年，政府公共管理服务的分工愈发精细，给工作人员带来了不小的负担。人工智能在政务服务中的应用可以为工作人员分担很多繁杂的事务，例如对政务信息进行采集、归类、分析、存储等，可以有效缓解服务人员不足的问题，使各类政务资源得到高效利用，快速响应公众需求，切实提升政务服务的质量与效率。具体来看，政务服务有三大特征，分别是服务性、管理性和赋权性。人工智能可以从这三大特征切入，与政务服务实现融合。

◆政务服务的"服务性"与AI应用场景

作为政务服务的基本特性之一，"服务性"至少表现在以下两个方面：

（1）政务服务事项的办理对象可以是公众，也可以是企业

在政府履行职能的过程中，往往会产生各种各样的问题，这些问题主要是与公众相关的咨询、互动、投诉处理等问题。从服务角度出发，政府首先要解决的问题是如何有效地回应民众的各种咨询。而将人工智能技术引入政府互联网系统可以有效解决这一问题。

人工智能在政府互联网系统中的具体应用场景包括网站和政务大厅的智能信息导航、政务服务热线、微信或QQ群组、政策服务信息宣传推广等。在网站和政务大厅的智能信息导航场景中，办事民众比较认同的人工智能服务功能包括智能导办、智能搜索、智能咨询和关联事项智能推荐等。

以贵州省网上政务大厅的智能系统"贵博士"为例。"贵博士"智能系统主要具备智能咨询、智能检索、智能推荐等功能，可以代替人工为用户

提供全天候的智能服务。人工智能在政务服务热线中的主要应用包括自动填写工单、知识推荐、服务需求挖掘等。相关部门要加强知识库建设，不断提高话务人员的应答能力和服务水平，同时积极挖掘和整合民众的服务诉求信息，预测民众的咨询内容，提前制定信息服务方案，不断提高服务效率和服务质量，从而增加公众满意度。

人工智能技术也可以在微信或QQ群组的服务场景中进行良好的应用。例如，南京市栖霞区的服务部门将人工智能技术、微信群组和社区居民服务有机结合，利用人工智能在微信群中采集居民反映的各种服务需求，并自动生成工作服务单，这样不仅能大大减少服务人员的工作负担，同时也能提高服务民众的整体效能。

（2）一些政府服务事项如医疗保险、失业保险、住房补贴等在本质上属于公共服务范畴

医疗机构设置审批、医疗器械经营许可等政务服务事项的办理过程也会涉及大量服务或与服务相关的程序，如审批材料告知、审批材料发放等，即使这些政府服务事项具有一定的管制性。利用人工智能技术分析用户大数据，形成"用户画像"，然后结合用户的个体信息和服务需求，向公众自动提供定制化和精准化的服务。

目前，四川、江苏等地的一些高校不仅能通过人工智能技术为学生提供智能化的信息推送服务，同时也能利用人工智能技术分析学生的消费数据并以此绘出"学生画像"，向低消费贫困生实行智能化补贴。

传统的服务供给模式是"用户申请—有权部门审查—服务发放",而这些高校基于人工智能技术创造的补贴发放方法颠覆了传统服务供给模式。这是一种全新的智能化服务供给方式,涉及自动识别服务对象、自动推荐服务对象、人工调查确认、公共服务提供等流程。

◆政务服务的"管理性"与AI应用场景

政务服务的"管理性"主要表现在以下三个方面:

(1)政务服务事项的办理者需要满足特定的资格和条件

在提供政务服务的过程中,相关部门会对事项申请人进行一定的资格和条件审查,包括申报身份和年龄的识别、申请材料的真实性与合规性审查等。另外,审批人在一些特殊情况下,比如行政许可存在数量限制时,一方面要对申请材料的真实性与合规性进行审查,另一方面也要对申请人的能力、资质和信用情况进行综合评估。

(2)政务服务事项不仅涉及公共资源的运用,同时也涉及公共权力的运行

在提供服务的过程中,政府需要进行有效的监督,确保公共资源的合理运用和公共权力的合法运行。例如,在公共资源招投标过程中对工作人员的服务态度进行监督,在行政审批过程中对滥用职权情况进行监督等。

(3)政府服务的执行和供给是公共服务的组成部分,需要面临绩效考核和效能督查等问题

在实践中,人工智能在政府服务管理中的应用涉及以下三大场景:一是申报核查;二是服务过程控制;三是服务效果监督。

其中,人工智能技术在申报核查场景中的应用包括身份验证、申报材料

审查等，比如项目申报人身份验证、养老金领取材料审查等。人工智能技术还可以用于政府服务管理中的智能化过程控制，比如实时监督和检查公共服务提供者的生活作风等。

目前，政府服务管理中的主要智能应用系统包括智能视频监管系统，该系统能够利用计算机视觉对审批人员的工作态度、缺勤离岗等情况进行自动识别和判断。人工智能技术在服务效果监督场景中的应用包括智能外呼、智能语音检查、服务核查、风险预警等。在这些人工智能应用的帮助下，相关部门可以大大提高政务服务的管理效能。

◆政务服务的"赋权性"与AI应用场景

人工智能技术在政务服务的"服务性"和"管理性"方面的应用较为广泛，而在政务服务的"赋权性"方面应用较少。不过，人工智能技术与赋权决策相关时，可以在一定程度上影响用户的权利获取，这主要表现于两类场景，一类是基于预测性评估的决策辅助，另一类是极少数领域的自动化决策。

在第一类场景中，人工智能需要基于大数据分析申请人的信息，然后做出预测性评估，并以此辅助和支撑审批决策。预测性评估主要应用于差异化审批场景，包括"承诺制审批""绿色通道"审批等，具体应用领域包括适用范围确定、适格申请人筛查、有数量限制的行政许可授予等。

自动化决策目前的尝试性应用主要集中在工商登记、备案管理、津贴发放、智能纳税等领域。典型案例包括：深圳市企业登记中的"秒批"系统；广州市工商登记中的"智能全电"登记系统；天津市企业登记中的"零见面"智能审批系统等。

在高速发展的人工智能的助力下，我国数字经济发展成绩显著，开始倒逼政府进行数字化转型。目前，政府政务的数字化转型面临着前所未有的机遇。新基建的推进，尤其是5G、大数据、人工智能等技术的发展，为政府政务的数字化转型提供了强有力的技术支持；"互联网+政务"的成功实践为政府政务数字化转型探索了许多有效路径。对于政府部门来说，目前最主要的任务就是坚持以人民为中心，积极引进人工智能领域的最新技术成果，打造一个高效率、高质量、有温度的政府。

第12章　数字城市：未来城市的智慧新图景

智慧城市：让城市生活更美好

城市是人口的集聚地，也是人类活动最密集的区域。在城市中，人类的活动总是与各行各业的运行相互交织。目前，社会经济不断发展，人民的生活水平不断提高，城市化进程不断推进，人工智能技术不断走向成熟。这些变化对城市的运行和管理提出了新的要求，传统城市正在加速向智慧城市转变，城市的发展将面临巨大的机遇和挑战。

智慧城市是基于智能技术和智能应用形成的智能化城市。在智能化城市中，人们会利用信息技术将城市的系统和服务打通，实现系统集成或服务集成，这样做可以大大提高资源的配置效率，不断优化升级城市的管理和服务水平，极大地改善城市居民的生活质量。从技术上来看，智慧城市的建设离不开大数据和人工智能技术。智慧城市建设涉及城市运行的各个方面，覆盖了城市管理的各个领域。人工智能技术是如何改变人们的城市生活的呢？下面我们将从三个方面予以阐述，它们分别是智慧社区、智慧文旅、智慧电网。

◆智慧社区

智慧社区的服务主体是社区居民，它通过建立智能化的社区平台，从社区居民的幸福感出发，为他们提供安全、高效、便捷的数字化管理与智能化服务，不仅能全面满足社区居民的日常生活需要，还能满足社区居民的生存发展需要。智慧社区应用可涉及社区居民生活的各个方面，比如智慧楼宇、智慧家居等，总体来看，这些智慧应用的普及是从社区向家庭内部发展。

随着人工智能技术的发展，社区将进一步与网络云和智慧终端相结合，打造新型智能化应用，让社区居民可以随时、随地、随需、随意地享受智慧应用提供的服务。例如，智慧社区中的居民可以利用人脸识别门禁来进出社区，解决社区人员流动安全问题；同时社区居民也可以利用智慧泊车系统来实现自动停车。社区智慧应用可以使社区居民的生活变得更加智能化，有助于改善和提高居民的生活品质和生活水平。

◆智慧文旅

将人工智能技术应用于文旅产业，可以为游客带来十足的科技感，使游客获得更好的旅游体验。人工智能技术可以大大提高服务水平和管理效率，甚至能重新构建文旅产业的发展格局，推动产业转型，促进消费升级。未来，人工智能在旅游场景中的应用主要体现在"住、行、游、购"四个方面。

● 住：人工智能技术在"住"方面的应用主要有酒店前台接待、客房智能语音助手、刷脸入园等。人工智能在酒店前台接待方面的应用是利用智能机器人实行对顾客的智能接待，一方面顾客可以通过与智能机器人交流获取酒店的各种服务信息，另一方面智能机器人可以提供智能翻译服务，实现与国外游客的无障碍交流。顾客也可以通过与客房智能语音助手进行语音交流，获得叫早、送餐、送水等服务。另外，顾客还可以通过"刷脸"实现快速入园，避免排队时间长的情况。

● 行：人工智能技术在"行"方面的应用主要有智能语音导览、智能漫游车等。未来的旅游用户可通过机器视觉、语音交互等AI技术实现人机互动，并获得相应服务。人工智能平台可以根据游客浏览行为帮助游客快速规划旅游路线，并向他们提供景点百科、周边设置、路线导览等信息。

● 游：人工智能技术在"游"方面的应用主要有智能拍照识别花草、文物或展品，使静态展品"动起来"。未来的游客可以利用微信小程序对景区的花草、文物或展品进行拍照识别，并通过网络检索出相应信息。将智能拍照识别与传统的展品名检索功能相结合，可以极大地提升游客的浏览体验。

● 购：人工智能技术在"购"方面的应用主要有刷脸支付等。刷脸支付可以用于不方便现金支付和手机支付的场景。在刷脸支付工具上，游客只需输入与支付宝、微信等支付平台绑定的手机号，再进行刷脸，即可方便、快捷、安全地完成支付。

◆智慧能源

（1）在电网安全与控制领域

利用人工智能的深度学习技术可以对电力系统进行仿真分析，提取电网稳定特征，快速判断电网稳定运行方式，智能识别和控制交直流混联电网故障，自动制定有效的故障解决方案和措施。

（2）在输变电领域

利用人工智能图像识别技术可以对输变电设备进行自动巡检，智能评估输电通道风险。人工智能系统通过深度学习输变电设备的状态数据可以评估分析出电力设备的状态，准确研判设备出现的故障；还可以通过深度学习导航图像进行智能空间导航和巡检规划，不断优化巡检路径，实时监控重点排查区域，同时利用无人机和智能机器人对高风险区域进行实时检测，智能诊断和评估输电线路和变电站设备的状态。

（3）在配用电领域

利用人工智能图像识别、智能穿戴等技术，可以对用电现场的危险行为进行有效识别，对安全风险进行智能预警，同时还能提高用电现场作业效率；利用资源智能调控知识库和推理引擎技术可以准确评估需求侧动态响应特性，提高清洁能源消纳能力，保持能源的供需平衡。

（4）在新能源领域

利用人工智能图像识别和机器学习技术，可以智能分析天气趋势，及时过滤和识别设备天气系统时空特征，深度挖掘预测误差和不确定因素，使电力气象智能化预报水平大幅提升；利用人工智能深度学习技术，一方面能识别云观测图像中的云层和云系信息，另一方面能预测云层下光伏功率的波动。

（5）在信息通信领域

利用人工智能机器学习技术，可以对网络中的常规事故、人为事故进行有效检测和预警，避免常规事故如停电事故的发生，有效防范人为事故，提高通信系统的抗干扰能力和恢复能力；同时利用机器学习，规划仿真和优化适配通信网络中的流量与终端业务。

智慧酒店：未来酒店的场景革命

人工智能在酒店中的应用，是指酒店通过计算机程序给客户提供符合甚至超出其期待的优质服务，通过这种方式获取更多的收益。那么，AI在酒店行业的哪些场景中能够发挥作用，可以为酒店的发展创造出什么机遇呢？

◆创造全新的酒店服务体验

拥有高质量的服务对酒店而言是必不可少的。酒店要满足客人在住宿、饮食等方面的需求，其服务在很大程度上影响着客人的整体体验。酒店的发展情况、口碑等直接取决于其服务质量。那么，人工智能在酒店服务中能够发挥怎样的作用？

前厅部是客人迈进酒店后首先接触到的部门。酒店前厅部是怎样应用人工智能技术来为客人提供满意的服务，并提升其工作效率的？

在客人走进酒店时，酒店可通过人工智能的人脸识别技术，对其相关信息进行获取与解读，这些数据来源于机场、公安部门等渠道。如果这些机构能够实现数据共享，酒店就能顺利提取客人的相关信息。

客人无须出示证件，酒店员工就能以姓名相称，与此同时，酒店管理系统会弹出客人的订单，启动自动化程序为客人办理入住手续，然后迅速将房间号发送到其手机上。客人可直接前往自己的房间，而房间门上安装的头像识别系统在确认客人身份无误后，可以自动开启门锁。

客人入住后，房间里的虚拟助手会接收到酒店管理系统发送的数据，以名字来称呼客人，并为其解说房间内各类设备的使用方法。与此同时，传送机器人会将客人的行李托运到房间里。

在客人需要进餐时，酒店房间里的虚拟助手能够参考客人在美食平台的过往订单信息，据此向其推荐酒店内或附近的餐厅，并进行线路规划。若客人不想出门，可以用语音形式与虚拟助手沟通，由其负责在系统上下单购买，在半小时之后，将客人指定的食物送到客人所在的房间里。

如果客人选择到酒店里的餐厅就餐，在其到达餐厅时，员工就能接收到客人的信息，立即将其引导到空座位上，并为其推荐菜品。在客人用餐结束后，也不必到收银台付款，而是由使用深度学习技术、传感器技术开发的自动结算功能来帮助客人付清款项。如今该功能已经在零售行业落地。

客人回房间前，房间虚拟助手会收到提示，启动房间内的照明系统、空调并开启电视，转到客人喜爱的频道，让客人产生宾至如归的感觉。客人准备休息时，虚拟助手会按照其语音指令设定闹钟；次日清晨，以悦耳的声音叫醒客人，并向其播报当天的天气情况，为客人预订出行车辆。

针对客人的需求，房间里的虚拟助手能够在酒店系统的支持下，通过从互联网平台上进行信息搜索，找到与客人所提问题相应的常见回答，帮助客人解决各类问题。

酒店还可以利用人工智能技术为参加会议客人提供优质的服务。举例来说，可利用 TTS（text to sound，文本到语音）语音合成技术，把演讲者所说的内容转换成文字发送给参会人员，或者利用人工智能实现同声传译。不仅如此，会议主持人还能与虚拟助手进行现场互动，改变以往传统的会议主持方式。

◆AI在酒店工程领域的探索

除了提供服务之外，酒店还可以用人工智能技术来实施设备与能耗管理，发挥大数据、云计算、物联网等的协同作用，体现这些技术在数据搜集、数据处理、能源监测、远程控制、安全预警等方面的价值，利用先进的技术手段加速酒店的整体运营，降低能耗，提升服务质量，为智能建筑提供与之相匹配的优质环境及高效的能源管理。

人工智能可以在酒店的诸多工程系统中应用，使酒店的客房控制系统能够按照客人需求并结合具体的环境情况进行室内环境调节，在发现问题时及时报修，帮助酒店节约能耗。

具体而言，人工智能可以对酒店内不同区域的环境实施监控，比如对酒店房间的照明系统、室温控制系统等进行调节，在提升客人体验的同时，还能减少能源浪费。此外，依托海量的数据资源，人工智能还能尽早发现大功率工程设备潜在的问题，技术排除设备故障，保证客人的体验。

酒店的语音识别与视觉识别领域可实现对深度学习技术的应用，另外，在安防工作中应用人工智能技术，将提高整个安防系统的智能化水平。

新型安防系统采用大数据、云计算、人工智能、物联网等技术，实现了技术层面的创新，在确保安全的同时，还能给客人提供更多的便利。

是否拥有可靠的安防系统，是客人选择酒店时重点考虑的因素之一。由于安保人员的薪酬水平不高，致使很多酒店在人才招聘上面临挑战，酒店存在一些缺乏监管的盲区。因此可以将人工智能技术应用到酒店的安防系统中，对异常情况进行识别与精准定位，并及时告知安保人员与酒店的管理者，降低安全事故发生的概率。

智慧交通：引领交通强国新征程

改革开放以来，交通基础设施建设迅速发展，相关的网络体系基本形成。到2017年年底，我国高速铁路运营总里程2.5万公里，高速公路运营总里程突破13万公里，均达到了世界之最。另外，我国还拥有一批吞吐量大、服务能力强的大型港口与航空枢纽。

随着铁路、公路、水路、航空四大交通系统的基础设施逐渐完善，我国交通运输业开始实现综合协调、优化发展。在此阶段，交通运输行业必须不断提升自己的运行效率与管理效率，提升运输服务水平与质量，培育新的经济增长点。

2016年，国家发改委与交通部联合发布《推进"互联网+"便捷交通促进智能交通发展的实施方案》（以下简称《实施方案》），明确提出在新时期、新阶段，交通运输业要以智慧交通为战略重点。

互联网与交通的融合催生了新业态，以更优质、更便捷的服务满足了公众出行的要求。对此，《实施方案》明确表示："十三五"期间乃至之后很长一段时间，我国交通运输行业都要聚焦"互联网+"便捷交通、智慧交通的发展。目前，交通行业与互联网的融合已经开启，比如百度利用旗下高精度的百度地图与超级计算平台，辅之以人工智能和大数据，全面推进无人车的研发与应用，为"互联网+交通"智慧交通体系的构建做出了有益示范。

在现代社会领域，智慧交通系统发挥了越来越大的作用，已全面融入社会生活，且市场需求持续加大。该现象出现的原因有四点：

● 高速公路运营里程迅速增长，人工收费效率低，影响了整个公路系统的运行效率。

- 汽车数量不断增长，交通系统的负荷越来越大。

- 交通拥堵、环境污染问题愈发严重。

- 交通事故频发，给人民群众的生命安全造成了严重威胁。

在此形势下，我国必须加快智慧交通系统的建设。根据ITS114（智慧交通网）统计，2017年城市智慧交通、高速公路机电领域千万级目的投资规模就达到了257.4亿元，同比增长41%，其中交通管控市场千万级项目的投资规模124.68亿元，智慧交通、智能运输市场千万级项目的投资规模26.94亿元，高速公路机电市场千万级项目的投资规模105.8亿元。挂牌或准备挂牌新三板的智慧交通车联网企业30余家。经过多年发展，我国智慧交通市场正在实现品牌化、规模化，产生了一批有影响力的品牌企业，为我国智慧交通建设与发展提供了强有力的推动作用。

总体而言，AI、大数据、物联网等新兴技术在我国交通领域的应用主要体现在五个方面：

（1）公路交通信息化

这里的公路包括高速公路、省级国道公路，其中公路收费是热点项目，软件又是其中的重点。公路收费项目又可以划分为联网收费软件和计重收费系统。未来，ETC（electronic toll collection，电子不停车收费系统）等将成为高速公路最主要的收费方式。

（2）城市道路交通管理服务智能化

城市道路交通管理服务智能化有两个最主要的问题，一是兼容，二是整合，于是综合性信息平台就成了应用热点。除此之外，智能信号控制系统、电子警察、车载导航系统等应用也有很好的发展前景。

（3）城市公交智能化

目前，人工智能在公交系统的应用比较落后，国内智能公交调度系统还没有取得任何成就，开发、应用潜力巨大。在地域分布方面，国内各城市（尤其是南方沿海城市）都非常重视智慧交通。

（4）轨道交通智能化

近来，由于城市轨道交通行业投资规模越来越大，轨道交通智能化实现了快速发展，城市轨道交通信息化系统的市场规模也随轨道交通智能化建设规模的增加不断加大。城市轨道交通智能化有很多上游产业，比如电子设备制造业、工程材料行业、电子信息技术行业等。其中，电子设备制造业主要为城市轨道交通智能化行业提供前端采集、传输、控制、显示、存储等设备；电子信息技术行业主要为城市轨道交通智能化行业提供电子元器件、集成电路、接插件等设备。

（5）无人驾驶

无人驾驶产业的兴起必将推动智慧交通上下游产业不断发展。传统汽车中的方向盘、油门、刹车等部件将被机器视觉系统、传感器、人工智能等部件取代，在高精度地图、车路协同系统、车联网等设备的作用下，新一轮智慧交通建设将拉开序幕。未来，在智慧交通建设领域，无人驾驶将成为一个新风口。

为了推动无人驾驶更好地发展，未来，在智慧交通领域，提高基础图的精度和定位导航的准确度，建设感知系统及人车路协同国家通信标准和设施设备接口规范是重点。目前，国内外企业都在研发推广无人驾驶技术，无人驾驶的产业规模将越来越大，相应的智慧交通配套设备也将持续发挥作用。

智慧物流：技术重塑新物流生态圈

智慧物流是将人工智能技术与物流系统相融合，让物流系统具备感知、学习、判断、推理、自动解决问题的能力。而与电商相结合，智慧物流能够借助精细、科学的管理方式，将其自动化、网络化、可视化、智能化、可控化的优势充分发挥出来，创造出四种新的物流模式，分别是协同物流、程控化物流、单元化物流、实时物流。

在目前的发展形势下，物流业要想实现更好的发展，必须对当前的宏观经济形势与产业发展格局进行深入分析，主动创新，对产业结构进行优化，进一步推动供给侧结构性改革。

现阶段，物流企业对智慧物流提出了一系列需求，这些需求主要集中在四个领域，分别是大数据、物流模式、物流云、物流技术。根据阿里研究院发布的报告，预计到2025年，智慧物流行业的市场规模将达到万亿元。对于传统物流企业的转型升级来说，智慧物流为其提供了新动力。信息化、自动化、智能化等技术在物流行业广泛应用，再加上云计算、大数据、物联网等技术与物流行业进一步融合，都将对传统物流企业的转型升级产生积极的推动作用。

目前，我国智慧物流刚刚起步，未来的发展空间巨大。但现阶段，我国智慧物流的发展表现出了一系列问题，比如末端物流配送效率较低，基础设施不完善，智慧物流生态圈尚未形成，物流大数据整合水平不高等。

为解决上述问题，我国物流企业要顺应发展形势，创新企业运营思路与措施。比如，传统供应链存在冗长、混乱、低效等问题，为此物流企业要积极引入互联网、物联网、大数据、云计算等技术，构建产品追溯体系，让产品实现在线调度、智能配货、自动配送。

同时，物流企业要充分利用互联网、云端、App，提高物流订单管理效率，让订单实现合理分配、智能调度、实时跟踪，构建一个标准化、可视化、智能化、网络化的交付流程。由此可见，要想解决传统物流行业存在的诸多问题，物流企业必须加快智能化改造，对客户需求变化保持密切关注，创造更多个性化、体验式的服务。

◆提升智慧物流管理的效率

物流管理要秉持科学管理理念，做好物流行业全生命周期管理，引进先进的管理经验，构建成熟的管理体系，让企业经营过程变得更加智慧。具体来看，物流效率的提升要从以下几个方面着手：

（1）物流企业要构建大数据平台，广泛采集数据，对数据进行跟踪分析，创建数据模型，构建智慧型企业。同时，物流企业要对整个业务流程进行优化，利用新技术、新理念推动原有的业务流程优化升级。

（2）物流企业要引入北斗导航定位系统，对人、车、物进行智能管理，使整个物流流程实现可视化管控。

（3）物流企业要做好仓储管理，利用AR技术，借助AGV机器人，将数据的力量充分发挥出来，提高库存管理质量与效率。

（4）物流企业要制定预防管理应对机制，对各类预案进行完善，提高危机管理水平与效果，真正做到物流管理智慧化。

◆发挥产业链的协同效应

物流企业要一边发展线上服务，一边做好线下服务建设，利用大数据为物流车辆空载率过高问题提供有效的解决方案，将物流产业链的协同效应充分发挥出来。

物流企业要通过"建平台"对物流公司、消费者、商家、第三方机构的数据信息进行整合，打造一个数字化、可视化的物流过程，实现运力共享。同时，物流企业要通过线下布局，创建服务节点，对当地的运力进行整合，做好"运力池"的构建。

◆创造智慧化转型平台

随着"一带一路"战略不断推进，海外贸易规模越来越大，我国境外电商物流暴露出了一系列问题。为了提高境外物流的运输效率，我国政府应出台一系列政策，对货物出境手续进行简化，鼓励国内优秀的物流企业"走出去"，同时积极引入国外优秀的物流企业，做好物流基础设施建设，制定税收优惠政策，从各个方面为智慧化转型平台的构建提供支持。

具体来看，智慧化转型平台的构建要从以下三个方面着手：

（1）加大财政投入，做好智慧物流基础设施建设。政府要加大财政投入，建设专业服务平台、公共信息平台和政务系统，为智慧物流建设奠定良好的基础。同时，在智慧物流中心、智慧物流项目和智慧物流园区建设方面，政府要发挥示范作用，做好引领工作。

（2）政府要成立智慧物流发展专项基金，做好智慧物流信息系统建设，完善智慧物流相关的设施设备，推动企业与社会的智慧物流系统实现有机融合，从税收、贷款等方面给致力于智慧物流建设的企业提供支持。

（3）培养智慧物流领域的专业人才。目前，有些院校开设了物联网技术专业和物流管理专业，以这些专业为基础，以企业对智慧物流人才的技能要求为依据，制定科学、合理的人才培养方案，创建完善的课程体系，增进各院校与企业间的交流合作。同时，企业要制定优惠政策，吸引更多优秀人才进入，通过校企合作培养更多智慧物流专业人才。

智慧安防：基于"5G+AIoT"的智慧安防方案

近几年，4G技术为移动数据、移动计算、移动多媒体运行等提供了有力支持，促使高速数据通信及多媒体业务实现快速增长，为各行业注入了源源不断的发展动力，安防产业也不例外。

和4G相比，5G在移动性、带宽、可连接性等方面具有更为优异的表现，能够使安防监控系统在无线通信环境中传输高清视频监控画面、进行海量数据分析等，从而引发安防产业的颠覆性变革。

5G是一种超宽带无线技术，使建立万物互联的通讯平台成为可能。视频监控行业中的数据传输方式包括有线传输和无线传输两大类，而目前有线传输占据着较高的比重。更高清晰度、更为智能化是视频监控技术与产品的主流发展趋势。5G时代，无线视频监控部署成本将大幅度降低，使视频监控变得更为方便快捷，推动无线视频监控的大规模推广和普及。

5G网络支持更高的无线传输速率，能够为视频监控提供优良的网络环境。现阶段，我国智慧城市建设进程日渐加快，面向5G网络的安防应用大量涌现。多家安防厂商开始开发面向5G网络的新安防产品与安防一体化解决方案。

5G网络的商业化应用，将催生更多的高清摄像机、无线DVR、无线监控终端、家用移动监控解决方案等，有效解决智能安防终端成本高、功能单一等问题。网络技术的进一步发展，将有效拓展安防产业链的深度和广度，催生大量类型多元的安防服务运营网络。5G技术将使安防产业的业务、网络环境、管理等发生重大变革，安防企业需要充分抓住这一机遇，从日趋白热化的市场竞争中成功突围。

◆5G无线视频监控系统

基于5G的无线视频监控系统集成了物联网、人工智能、大数据、云计算、5G等先进技术，可以大幅度拓展系统功能，提高系统运行稳定性，为用户提供更为优质的安防服务。具体而言，无线视频监控的优势主要体现在以下几个方面：

（1）实现监控站点的可移动性

在无线网络传输的支持下，监控设备可以在无线网络环境中运行，扩大了视频监控的应用范围。比如在军队巡逻车载监控、交警巡逻车载监控、工商执法车载监控、治安巡逻车载监控、城管执法车载监控、营运车辆车载监控等车载监控场景，以及城市应急事故处理、重大事故现场播报等应急处置场景中具有重要应用价值。

（2）实现监控站点的广覆盖性

无线网络覆盖范围广泛，在有线视频监控部署难度或成本较高的区域可以采用无线视频监控部署模式。尤其适合大型活动监控管理、临时会场监控管理等临时监控场景，以及林业管理、重大基建管理等地理位置较为偏远的应用场景。

（3）实现监控人员的可移动性

通过移动终端，为用户提供远程实时查询、远程应急指挥等服务，尤其适合家庭护理、移动指挥等应用场景。比如在世界杯、奥运会等大型活动期间，监控人员可以通过随身携带的智能设备实时了解活动现场信息，并对潜在风险与突发事故进行有效处理。

◆ "5G×AIoT" 开启大安防时代

应用驱动是AIoT发展的主流趋势，AIoT可以成为推动各行业转型升级的重要助力。具体到安防领域，AIoT有助于实现实时感知、及时控制、精准定位，这与安防行业的特性存在较高的契合度。"5G×AIoT"的结合，为推动安防业态创新，拓展安防产业边界，构建智慧城市大安防平台提供了强有力支持。具体来看，"5G×AIoT"在智能安防领域的应用可以从以下三个方面切入：

（1）在智能家居领域

设备响应速度、精准度、稳定性是影响安防质量的重要因素。而5G技术的高带宽、低时延等优势，将有效解决智能家居网络信号不稳定、覆盖范围有限、设备难以互联互通等问题。比如，用户可以通过智能手机实时查看通过5G网络传输的家庭高清监控画面，进一步提高家庭安全性。

（2）在智能交通领域

人们的交通需求日益个性化，交通大数据规模快速增长，从而对交通系统的网络性能带来了较大的挑战。而将5G应用于智能交通系统，可以显著提高交通系统网络容量、可靠性、安全性等，实现交通系统高效、稳定运行，为大众提供安全、便捷的优质出行服务。

（3）在智慧城市领域

智慧城市对物联网有较高的依赖性，也是安防的一大重要应用场景。由于未能建立统一的公共信息平台，很多智慧城市探索项目对数据资源的挖掘、应用陷入困境。而5G时代来临后，所有的物品都可以配备能够接入物联网的芯片，信息资源将实现高效流通共享，为加快智慧城市落地提供强有力支持。

5G的商业化应用，将使商用、民用智能安防产业全面发展。比如在智慧城市建设中，通过运用5G技术，可以在几毫秒内完成数据采集和分析，有效破解智慧城市建设中的信息孤岛问题，真正实现科技让生活更美好。

在5G网络和AIoT应用融合过程中，安防企业将获得广阔的发展空间。比如，安防企业通过在城市核心区域部署传感器设备对该区域各时间段的人群分布、流动情况进行监测，并将采集到的数据传输给后台系统，后台系统通过大数据分析，预测下一时段的人流分布，从而提醒交通管理人员及时制定有效策略，减少交通事故等公共安全事件。

5G是推动信息产业变革的重要基础，推进5G发展具有非常重要的现实意义。将5G和大数据、云计算、虚拟现实、人工智能等技术相结合，可以推动安防企业技术与产品创新，为用户提供全新的安防体验，加快网络强国、制造强国等重大战略落地进程，提高我国的综合国力和国际竞争力。

未来10年，中国将有70%的人口生活在城市，他们不仅会凭借自己的劳动创造80%的国民收入以及90%的财政收入，还会对交通、住宿、安防等城市基础服务提出更高的要求。从某种程度上说，数字城市承载了人们对美好生活的向往，能否令人满意，关键在于城市品质能否提升，城市经济能否更好地发展。

　　我国对数字城市的探索始于2008年，涵盖了城市治理、酒店服务、交通服务、物流服务、安防保障等多个领域。随着人工智能/5G等技术不断引进，各个领域都取得了显著成果。从政府主导到政府企业共建、社会化力量参建，未来10年，我国数字城市建设必将探索出一条自主创新之路，实现蓬勃发展。

第13章 数字防疫：基于AI技术的精准防控

AI赋能智慧防疫

2020年年初暴发的新冠肺炎疫情因其症状表现与大流行特征，不可避免地被拿来与2003年暴发的SARS疫情进行对比。时隔17年，虽然疫情的防控整体形势依然严峻，但科技进步的大环境为抗疫铺垫了不同的背景，其中AI技术就在防疫攻坚战中发挥了不容忽视的作用。

例如，在高铁站、机场等人群密集的场所进行智能红外线成像系统测温；在写字楼等密闭空间入口识别个体是否佩戴口罩并进行提醒；对近期离开居住地人群电话回访，询问其相关信息；辅助医护人员诊断患者是否出现相关症状，进行新冠肺炎检测；在病房、酒店等隔离人群集中场所配送食物和药品等。

2020年2月4日，工信部官网发布了《充分发挥人工智能赋能效用、协力抗击新型冠状病毒感染的肺炎疫情倡议书》，倡议进一步发挥人工智能赋能效用，组织科研和生产力量，把加快有效支撑疫情防控的相关产品攻关和应用作为优先工作。该倡议书的发布表明我国已经将AI技术的角色提升到了不容小觑的地位，使得AI技术能够大规模地应用于公共卫生领域。

从人工智能在此次疫情防控阻击战中的表现来看，AI在公共卫生领域的应用主要集中在四大场景，分别是病毒分析与疫苗开发、诊断辅助、智能测温和智能电话，具体分析如下：

◆病毒分析与疫苗开发

基于以往的经验，在大规模疫情暴发之后，病毒的分析和疫苗的研发都是至关重要的，但由于存在技术层面的难度等问题，病毒分析与疫苗开发往往需要比较长的周期，而这又提升了抗疫的严峻性。因此，为了利用人工智能技术补齐疫情管控技术短板，在疫情暴发之后，各大云计算厂商便面向科研机构与医疗机构免费开放其AI算力。

在传统的计算环境下，图像识别、语音合成、基因匹配、地质信息计算等非结构化的数据往往难以达到比较高的效率，而AI计算是通过单独的计算芯片和计算架构进行张量计算来处理非结构化数据的匹配，因此AI算力也是人工智能行业基础层竞争的关键。

在对抗疫情的战争中，强大的AI算力在病毒基因测序、蛋白靶标筛选、病毒与药物的研发历史数据匹配等医学科研领域发挥出巨大的价值，大大提高病毒分析和疫苗研发的效率，充分体现出人工智能的赋能效用。

当然，我国目前的人工智能架构中，基础层和技术层仍然相对比较薄弱，无法完成自主疫苗开发等难度高的工作，但AI技术缩短了病毒基因匹配的周期，提升了病毒检测的效率，极大助力了研发攻关。

◆诊断辅助

AI技术不仅可以应用于病毒分析与疫苗开发等研发工作的科研机构和实验室，其在抗疫的前线也能够发挥不容忽视的价值，例如辅助医护人员对病患进行护理，对病情诊断提供支持等，具体分析如下：

（1）病患护理

在人工智能的技术层面，计算机视觉、语音识别技术、自然语言处理等已经日益成熟，而具有视觉识别、语音识别、自然语言处理功能的机器人便能够从事病患的护理工作，减轻医护人员的工作压力。

（2）诊断辅助

AI的辅助功能主要体现在医疗影像的AI分析上。由于新冠病患的肺部影像学资料是其主要的诊断指标，因此可以通过AI技术对病患的医疗影像进行分析。而且相比常规的医疗诊断，基于AI的医疗影像分析效率大大提高，从数小时压缩至几秒钟，可以作为有效的诊断辅助。

◆智能测温

根据新冠肺炎的临床表现，对个体进行体温测量是疫情防控中非常重要的一项工作。但在机场、车站等人流量密集的场所，这也是一项非常艰巨的工作，而大量人群的拥堵则无疑会给新冠病毒大规模传播提供可乘之机，因此，无须特意等候、不用摘下口罩的智能测温便发挥出了无可比拟的优势。

基于AI技术的智能测温其优势主要体现在以下几个方面：其一，个体不用摘下口罩，AI技术便可完成身份识别，将测量数据与个体进行准确匹配；其二，除可以进行身份识别外，AI测温系统还可以进行个体追踪，对出入中高风险地区的个体以及体温异常者进行预警；其三，搭配红外线与可见光传感器，AI测温系统的效率非常高，设备的检测通过率与密集场所高峰期的人流通过率基本持平。

其中，值得一提的是AI的身份识别功能。通过人脸识别技术，AI系统可以准确判断一个人的活动轨迹，从而判断可能存在的风险。回顾各地通报的病例不难发现，基于移动互联网和大数据的AI技术可以精准地描绘出个体病例的活动轨迹和接触史，这不仅能够避免病毒在无法预料的情况下大规模传播，而且对未来的公共卫生安全体系建设具有重要的指导意义。

◆智能电话

由于我国的人口规模极其庞大，疫情暴发的时间点又恰逢人群容易流动和集中的春节假期，因此对居民的排查和防疫通知的发布变成了一项极为艰巨的工作。

对基层防疫人员而言，即使不间断地进行电话查访，也难以在比较短的时间内完成工作，因此基于智能呼叫和语音交互的AI客服系统便成为电话查访的生力军。它不仅大大提高了电话查访的效率，而且具有的功能也十分强大。AI客服系统可以通过询问受访个体的活动轨迹、往返时间、身体状况等与防疫相关的信息进行人员排查，并建立有针对性的样本统计数据；也可以持续回访康复患者，了解其近期的身体状况，继而进行监测，形成重点防控系统；还可以通知居民一些防疫相关事宜，做到重要信息人人可知。

另外，为了充分发挥AI客服系统的价值，各级医疗卫生服务部门以及社区等基层单位也可以在其基础上开发各自具有针对性的智能电话系统，让AI为智慧防疫充分赋能。

AI图像识别技术的应用

随着新冠肺炎疫情防控取得阶段性胜利，人们的生产、生活逐渐恢复常态，但在全球战疫形势如此严峻的当下，我国的疫情防控工作依旧不容松懈，以免出现第二次暴发。经过实践总结，我国的疫情防控工作形成了十六字方针，即"外防输入、内防扩散、群防群治、联防联控"，在防止人员流动方面形成了六大措施，即"守进口、管人车、控外出、禁违规、群抗疫、抓巡查"。

疫情社会化防控不仅要调动全民的力量，还要积极利用各种先进的技术手段。例如借助AI与大数据技术开发的疫情防控应用，就可以通过对城市内的视频监控、热红外测温相机、人脸抓拍、卡口过车、城市人口信息、各类社会数据、公安数据等进行整合，形成"视频智能、大数据分析、落地防控"三位一体的城市疫情综合防控体系，从而减轻基层人员的防控重担，解决疫情防控过程中的难点。

利用AI图像识别技术与红外热成像技术开发的应用，如视频识别术、人群分析、AI红外体温检测等技术，能及时发现异常人员并发出预警，还可以对某个区域的人流密度进行实时监测，指导基层防疫人员准确定位异常人员或事件，予以提醒或劝阻，必要时采取措施予以处置，具体应用场景分析如下：

（1）未戴口罩识别

在新冠肺炎疫情防控期间，戴口罩是一种门槛最低、操作最为便利的防范措施。在公共场所佩戴口罩不仅是对自己的保护，也是对他人的尊重。未戴口罩识别可以在公共场所或户外区域及时发现没有佩戴口罩或者没有及时配套口罩之人，通知管理人员或者语音广播提醒对方正确佩戴口罩。

（2）戴口罩人脸识别

戴口罩可以掩盖面部的很多特征，导致传统的人脸识别设备失效，例如火车站检票口的人脸识别设备等。戴口罩人脸识别经过大量学习与训练之后，可以大幅提高对佩戴口罩之人的人脸识别准确率，为人们日常出行提供方便。另外，戴口罩人脸识别还可以识破犯罪分子佩戴口罩的伪装，准确识别犯罪嫌疑人的身份，为案件侦破提供辅助。

（3）外来人员识别

在疫情防控期间，很多小区会采取封闭式管理，以减少人员流动。外来人员识别可以利用人脸对比技术将抓拍到的人脸与社区、村镇现有人口进行对比，发现不明外来人员，及时发出预警，请疫情防控人员核实身份。

（4）AI红外人体体温检测

随着国内新冠肺炎疫情得到有效控制，企业复工、校园复课、公共场所恢复运营，人员流动越来越频繁，火车站、汽车站、机场、校园、商场、办公楼等区域的人口密度越来越大。

如果为了做好疫情防控，在这些区域增设监测人员，对进出人员逐一进行体温检测，需要投入巨大的人力、物力。而如果在这些场所的出入口架设AI红外测温仪，就可以自动监测出入人员的体温，一方面可以降低检测人员被感染的风险，另一方面可以解决传统体温检测效率低、预警响应慢、人员投入大等问题，及时发现体温异常人员，快速做出处置措施，实现无感测温、快速放行。

（5）人员聚集驱散

由于新冠肺炎病毒可以通过气溶胶传播，所以人员聚集会增加病毒感染的风险。为此，疫情防控要坚决杜绝人员长时间聚集。利用AI图像识别技术对监测区域内的人员数量进行计算，实时输出人群密度数据。一旦人群密度超出一定的阈值，就要及时向管理人员发出预警，确定人员聚集的情况之后，快速安排附近的管理人员对人群进行驱散。

（6）隔离人员活动预警

隔离观察人员感染病毒、传播病毒的可能性都比较高，因此，疫情防控要做好这类人员的监管工作，严禁这类人员在隔离期间私自外出，在公共区域长时间停留，与健康人员频繁接触，防止病毒传播扩散。

在疫情防控期间，相关部门要将隔离人员全部纳入系统管控，通过戴口罩人脸识别技术对其身份进行判定，一旦在公共场所发现这类人员要及时发出预警，由疫情防控人员进行劝阻，如果拒不配合，可以采取一定的强制措施。

（7）疫区车牌识别

近年来，随着汽车保有量持续增长，私家车出行已经成为城市间人口流动的主要途径。在疫情防控过程中，做好私家车排查是减少人员流动的有效措施。通过在车辆卡口架设AI图像识别设备，可以对来往车辆进行抓拍，对疫区车牌进行有效识别，及时发出预警，快速安排工作人员进行核查，防止车内人员携带病毒四处传播。

（8）禁行车辆识别

暴发疫情的城市需要采取交通管制措施，提高抗疫车辆、公务用车、公共交通、医护人员用车、运输生活必需品车辆和救护、消防、抢险、环卫、警车等特种车辆的通行效率，对于这些车辆以及持有通行证车辆之外的车辆一律禁止通行。AI系统可以将允许通行的车辆加入白名单，对禁止通行的车辆发出预警，帮助交通管理部门做好车辆管制工作。

AI视频的智能化筛查

虽然我国的新冠肺炎疫情得到了有效控制，人们的生产、生活都已经恢复正常，但不代表感染情况不会再发生。一旦发现确诊人员或者境外输入病例，为了切断病毒传播，必须组织相关人员对确诊人员的密切接触者进行排查，但人工排查的效率非常低。

其实，确认人员可以提供一些密切接触人员，如果利用视频智能结合大数据进行关联关系分析，对密切接触者进行智能化筛查，就可以帮助公安机关、社区人员等快速锁定排查目标，极大地提高筛查效率。AI视频的智能化筛查的内容如下：

（1）人员轨迹追踪

负责排查的人员可以通过人脸抓拍对确诊人员确诊之前的活动轨迹进行智能追踪，另外可以结合确诊人员的订票信息确定其出行轨迹，全面掌握确诊人员确诊之前的活动范围与路线，为排查密切接触者提供有效辅助。

（2）外来人员筛查

借助人脸聚类技术构建历史视频人员身份库，在监控区域进行人脸采集，利用大数据技术将采集到的数据与视频人员身份库中的数据进行对比，找到初次采集到视频的人员。这些人员基本可以判定为外来人员。对于外来人员要及时核查其身份信息，采取禁止进入、隔离观察、体温检测等措施进行有效管控。

（3）同行人员分析

通过人员视频轨迹分析可以快速找到确诊人员的同行者，然后通过人脸识别技术确认其身份和住址。确定之后，民警及社区工作人员要及时登门对同行人员的健康情况进行调查，如有必要，可以对其下达隔离观察通知，并提醒对方密切关注自己的身体健康状况，每日测量体温并上报。

（4）车辆同乘分析

疫情防控期间，城市出入口与各个小区都要做好进出车辆的实名登记工作，一旦发现确诊病例或者疑似病例，可以通过驾乘人员快速找到同乘人员，对同乘人员的健康状况进行排查与监测。

（5）交通同乘分析

如果确诊人员在确诊之前曾乘坐火车、汽车、飞机等公共交通工具出行，这些交通工具的空间更加密闭，所以更容易发生感染。因此，通过对确诊人员的订票信息进行分析，可以快速找到同乘人员，尤其是邻座人员，然后通知民警对这些人员的健康状况进行排查，必要时可以组织其进行隔离观察。

（6）人流量分析及控制

对公共场所的人群密度进行实时监测，包括火车站、地铁、汽车站、商场、商业街、站台、闸机、电梯、通道出入口等。一旦这些区域的实时人数过多，人群密度超出安全数值，就要及时发出预警，避免因为人口密度过大带来病毒传播的风险。

AI系统要将监测到的情况实时反馈给管理人员，包括画面和数据，发现人群密度达到监测阈值之后，要及时提醒管理人员快速进行人员疏散，并采取限流措施，控制区域内的人群密度，降低病毒传播风险。

（7）外来车辆筛查

每个城市的进出口都安装了设备对过往车辆信息进行采集，为了更准确地排查外来车辆，可以对这些历史数据进行分析，找到城市内的保有车辆。

据此筛选出疫情防控期间进入城市的车辆，对车辆的行驶轨迹及目的地进行追踪，进而找到车主，做好登记及跟踪监控。

（8）疫区车辆筛查

为了做好疫区车辆筛查，不仅要对疫区车辆的车牌进行精准识别与管控，还要明确这些车辆在疫情暴发之前的活动轨迹，将挂着疫区车牌但在疫情暴发前未在疫区活动过的车辆排除在外。另外，还要通过对跨城跨域车辆的过车记录进行分析，找到非疫区车牌但在疫情暴发前曾在疫区活动过的车辆，及时核对车辆信息，做好驾乘人员登记与健康检查，进一步采取隔离措施。如果发现疑似病例，要及时送医检测。

（9）接触人员关系图谱

在视频AI等技术的支持下，辅之以各种智能化分析，可以快速筛选出确诊人员的密切接触者，形成同户、同行、同驾乘、同航班、同汽车、同火车等接触人员关系图谱，为民警及社区人员提供一份相对完整的排查人员名单，对名单上的人员进行逐一确认，登记信息，询问健康状况，对于密切接触者进行隔离，对于疑似病例立即送医检查。

大数据助力疫情防控精准决策

在此次新冠肺炎疫情防控工作中，大数据发挥了极其重要的作用。首先，疫情防控部门利用大数据对整个城市或各个社区的疫情分布与变化进行实时监测，实现了疫区人员、疫区车辆、防疫物资、涉疫事件处置等信息的快速流动以及疫情预警信息的实时推送；其次，通过对社区疫情防控数据进行分析与监测，防疫指挥部可以实时掌握各个区域的疫情指数，制定科学的防疫工作预案。

具体来看，大数据在疫情防控中的作用主要体现在四个方面：

◆大数据为政府正确决策、精准施策提供了科学依据

突发的新冠肺炎疫情是对社会应急能力的考验。通过大数据分析与监测，疫情防控部门准确定位重点防控区域与人群，提前进行疫情预研与预判，锁定疫情发生区域、患者病症以及暴发规模，及时发出预警，辅助领导尽快做出科学决策。

在疫情防控期间，各职能部门利用大数据技术对疫情相关数据进行采集与分析，对现存的分散性公共数据进行分布式研判，将所有数据汇聚到疫情防控指挥部，由疫情防控指挥部制定防控措施，切实提升了各职能部门精准施策的能力，提高了突发公共事件的处置水平与效率。

此外，相关部门利用大数据建立了管理数据共享机制，实现了数据信息的公开、共享，并利用互联网对疫情变化情况以及相对的应对措施进行实时更新，以获得社会公众的理解，缓解确认人数不断增加引起的恐慌与焦虑。在大数据的支持下，相关部门构建了以人为本、惠及全民的疾病防控保障体系，形成了多方协作、共克时艰的抗疫新模式，为抗疫取得阶段性胜利奠定了良好的基础。

◆大数据强化了政府对疫情物资生产、筹集、投放的科学管控手段

在大数据技术的支持下，各职能部门、医疗企业、社会单位等实现了联防联动，建设方舱医院、调配防疫物资与医护人员，在最大程度上防止疫

情蔓延。在资源调配方面，大数据提高了资源调配效率，真正做到了物适其需、物尽其用，对防疫物资合理配置、疫情防控起到了关键作用。

在疫情防控过程中，相关部门整合大数据与互联网建立全国统一的物资生产与调度平台，根据防疫需求及时组织防疫物资生产，保证防疫物资供应，切实满足医疗机构与社会公众对防疫物资以及生活必需品的需求。

◆大数据为医疗救治、"群防群控"、防止疫情蔓延采取有效措施提供了科学数据和手段

借助大数据与互联网促使防疫医疗资源实现共享，根据患者的病情发展为其匹配相关领域的医疗专家，利用远程视频技术让专家参与远程会诊，制定更科学、更权威的诊治方案，提高患者救治成功率。

利用大数据与互联网对疑似患者以及病毒感染者进行追踪，促使与疫情有关的资料与信息在各省市和地区间高效流动，借助科学的统计分析方法完成对疑似患者、病毒感染者的筛选，开展线上追踪，完善收治登记。对相关数据进行分布式处理，划定重点防控区域，开展网格化防疫与管理。

大数据具有多源性、开放性等优点，疫情防控的关键在于早发现、早隔离，而想要在第一时间锁定感染者与疑似感染者，对无意识的密切接触者做到及时发现与控制，需要通过数据挖掘进行动态监测。在这个过程中，大数据发挥了极其重要的作用。

◆通过大数据科学分析预测疫情现状、趋势，适时准确地根据疫情变化把握防疫重点

基于大数据创建的数值模型可以对疫情发展趋势进行预测，明确疫情所

处阶段。通过对数据进行深度挖掘与研究，可以找到数据背后隐藏的疫情发展规律，掌握疫情发展态势，为相关决策的制定与实施提供科学依据。

利用大数据对疫情发展前后的情况进行分析，可以对疫情流行时间以及疫情流行所造成的后果做出预测。通过计算定位数据与流动数据的比值，可以找到新冠病毒疫苗研发与使用规律，建立新冠病毒肺炎防治规划。

根据新冠肺炎疫情防治形势，我国对区域内各类企业复工复产的时间进行统筹规划，对复工人员的健康情况进行监测，以实时掌握企业复工复产之后的防疫情况，在有序推进复工复产的同时，切实保证企业员工的安全。

目前，我国疫情防控已经取得了阶段性胜利，多地疫情防控形势趋于稳定，整体防疫形势逐渐向好。但在境外疫情不断蔓延的背景下，我国疫情防控仍然不能松懈，要在稳步降低疫情防控级别的前提下，建立完善的疫情防控机制，做好长效防控与智能防控，形成以城市为中心、以社区为单位的公共卫生应急防控管理体系。

未来，随着5G、物联网等新技术不断发展，将有越来越多的相关应用在公共卫生应急防控管理体系中得到运用和推广，不断提升我国公共卫生应急防控管理水平。

此次新冠肺炎疫情暴发突然，蔓延速度极快，再加上春运期间人员跨地域流动，给疫情防控带来了极为严峻的挑战。对于疫情防控，精准监测、及时上报是关键。作为高效率的重要解决方案，人工智能在此次疫情防控中得到了广泛应用，公共场所的体温监测、感染者与疑似感染者的动态监控、居民排查、车辆排查、感染者同行人员追溯、疫情信息实时数据管理等，为疫情监测分析、防控救治、资源合理调度等提供了强有力的支持。

　　疫情结束后，人工智能依然会在城市建设中得到广泛应用，帮助城市建设一套更科学、更高效的防疫体系，在面对重大突发公共卫生事件时可以更高效、更智慧、更准确地制定解决方案，为现代城市构筑一套坚不可摧的"免疫系统"。

第五部分　商业落地

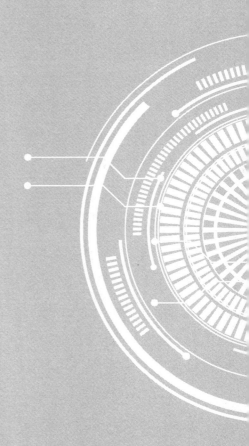

第14章 AI落地：实现从技术到商业的跨越

AI企业的四种商业模式

随着人工智能的热度越来越高，人工智能企业在致力于研究AI产品与应用之余，也在积极探索商业模式。目前，AI企业已经形成了四种商业模式：

◆生态圈构建

目前，这种商业模式的应用主体主要是互联网公司，落地逻辑为互联网公司以长期积累的用户资源与数据资源为依托，搭建算法、技术和应用平台，对内拓展新用户、开发新应用、积累新数据，不断提升技术能力，形成正向良性循环；对外积极建立合作伙伴关系，构建全生产链生态系统，在人工智能生态圈建设中发挥主导作用。

从实践来看，互联网企业构建人工智能生态圈大多以自己掌握优势资源的领域为切入点，例如阿里巴巴凭借完善的电商业务体系构建服务生态圈，腾讯以微信、QQ等应用和大规模用户群为依托构建了一个基于用户体系的服务生态圈等。

◆技术算法驱动市场

有些企业从技术、场景应用两个角度切入，在智能算法领域进行深耕，注重技术研发，掌握核心技术优势，同时以场景应用为依托搭建应用平台，不断吸引、积累用户。

在该模式落地应用方面，百度是典型代表。在用户掌控能力不足的情况下，百度在人才、资源等方面持续大量投入，围绕百度大脑构建技术壁垒，在人工智能技术与应用研发方面成为佼佼者。

◆垂直领域整合

一些行业的龙头企业往往在该领域积累了大量用户资源与数据后，开始聚焦该领域相关的人工智能技术与算法的研发，以产业链中的技术与算法层为切入点，从数据、计算、应用等角度出发整合整个产业链，最终凭借人工智能技术与应用促使整个行业发生深刻变革。

在该模式落地应用方面，滴滴出行是典型代表。在国内的网约车市场，滴滴出行几乎一家独大，用户占有率常年稳居第一。近几年，滴滴出行以海量用户数据为基础，构建智能出行服务平台，对房产、餐饮、教育、医疗等行业进行整合，实现了用车业务的大幅拓展。

◆硬件切入上下游整合

这种模式的应用者主要是研发芯片或硬件等基础设施的企业。这些企业以基础设施研发为基点，通过不断提升技术能力，向产业链上游拓展，例如数据、算法等领域。通过将硬件技术与人工智能算法相结合，企业可以不断提升计算效能，形成核心竞争优势。另外，这些企业还可以通过开发深度学习计算芯片、语音识别芯片等人工智能芯片，不断提高计算服务的效率，降低计算服务的成本，从各个层面与相关行业进行整合。

在该模式落地应用方面，英特尔是典型代表。自推出阿尔法围棋（AlphaGo）以来，英特尔在人工智能领域全面布局，以传统芯片业务为基础，利用视觉感知与人工智能技术构建新型业务生态。

目前，在国内人工智能行业，大型互联网公司占据领导地位，所生产的产品以人工智能服务平台为主。在这种情况下，人工智能行业逐渐呈现出平台化趋势，形成若干主导平台加广泛场景应用的竞争格局。在这个过程中，生态建设者将发挥重要作用。

科大讯飞在语音领域深耕多年，拥有了很多关键技术与应用，积累了大量用户。近来，科大讯飞以所掌握的技术、用户等资源为依托，通过深度学习技术的广泛应用，在语音合成、语音识别、口语评测等领域进行单点突破，构建了国内最全的语音技术平台和落地解决方案，服务范围涵盖了智能家居、行业安全、教育考试、智能硬件等多个领域。

凭借在语音技术方面的优势，科大讯飞正在从语音领域的领先者向人工智能应用平台生态构建者转型，并推出了各种移动设备与应用，大到大型电信级应用，小到小型嵌入式应用，所涉及的领域大到电信、金融等行业，小到家庭用户，可以面向不同的应用环境有针对性地组织智能产品的研发与制造。

AI应用场景落地的四大关键及面临的问题

目前，在全球科技领域，人工智能已经成为备受关注的一项前沿科技。在60多年（1956年至今）的发展历程中，人工智能经历了三次高峰、两次低谷，终于在近几年形成了显著的应用成果，渗透到人们生活、生产的方方面面。随着人工智能技术不断发展，相关应用越来越多，人类社会即将步入"智能+"时代，构建应用场景，推动人工智能应用落地成为一项重要任务。

◆ 人工智能应用落地的四个关键

人工智能产业的发展需要以数据为主要驱动力，并辅之以不断提升的计算能力。目前，大数据、人工智能、计算能力相互作用，正在形成一种共生生态。在这个生态系统中，大数据主要负责为人工智能的发展提供动力。在大数据的支持下，人工智能衍生出很多算法，例如深度学习、强化学习、迁移学习、对抗学习等。随着硬件的计算能力不断提升，算法迭代周期大幅缩短。

未来，大数据、人工智能、计算能力将从四个方面对人工智能应用的落地产生积极的推动作用：

（1）明确应用场景边界

目前，人工智能技术的发展仍处在弱人工智能阶段，远未达到强人工智能的水平，企业必须清楚地认识到这一点。在落地应用时要结合实际，切忌好高骛远。例如，在很多情况下，机器识别的准确度确实比人要高，但在需要知识、想象力的场景中，机器的表现就远不如人。

现阶段，面对一些通用性问题，以深度学习为代表的人工智能技术很难发挥出应有的作用。人工智能技术想要落地，释放出商业价值，必须明确应用边界。只有在特定的问题边界内开发人工智能的功能，才能生成可以落地执行的解决方案。

（2）闭环数据反馈循环

国内外的互联网巨头有一个共同的特征，即都拥有一个闭环的数据反馈循环系统。例如，谷歌、百度等公司的互联网广告系统可以根据用户点击、输入等行为搜集用户数据，通过数据分析提取关键特征，并将其输入深度学习神经网络。经过大量训练，这些数据可以用来预测用户行为，带给用户更极致的使用体验。

平台搜集数据—用数据训练模型—用模型提高用户体验—用户使用终端继续生成数据，这样一来，企业就拥有了一个闭环的数据反馈循环。数据搜集、标注、训练、反馈都可以在这个循环内自动完成，极大地提高了人工智能算法的迭代速度与效率。

（3）海量高质量数据

随着移动互联网与物联网快速发展，联网设备越来越多，数据量增长速度也越来越快。据IDC统计，到2020年，全球数据总量将达到44ZB，其中中国的数据量将达到8060EB，在全球数据总量中的占比大约为18%。在这些数据中，自然语言、音频和视频等数据将占据绝大一部分比例，数据分析的重点将转移到提取数据隐含的语义方面，包括情感分析、文档主题模型、依存模型、问答语义分析等。

从本质上看，以深度学习为代表的人工智能技术其实是一个多层的神经网络，利用大数据学习最终的网络参数，根据不同的网络参数对不同的物体进行识别。但为了保证学习质量，提高识别的准确率，人工智能必须学习大

量高质量的带标签的数据集。

（4）高性能计算硬件

深度学习模型对内在并存度、浮点计算能力以及矩阵运算能力提出了很高的要求，可以根据不同的环节划分为三个阶段，分别是前期训练阶段、云端推理阶段和终端推理阶段，前两个阶段需要进行大量运算。目前，大多数人工智能企业都选择了"CPU+GPU"的架构模式。但在这种架构模式下，企业要在构建CPU集群方面投入大量成本，仅购买一块Nvidia Tesla K80显卡就要花费近4万元。FPGA的性能功耗比较高，而且重构起来比较灵活，百度大脑的专用AL芯片就是利用FPGA打造的。

在终端推理环节，因为各终端设备提出的需求不同，所以必须定制嵌入式解决方案，将功耗与成本都降到最低。在这种情况下，整个终端市场呈现出多元化竞争态势，出现了很多产品，例如寒武纪开发的1A处理器、地平线开发的BPU芯片、华为开发的麒麟970等。

◆我国人工智能应用方面面临的问题及建议

我国人工智能应用方面仍然面临一些问题，需要不断改进。具体问题如下：

（1）基础研究与实践脱节，统筹协调促进研发资源聚合

目前，在人工智能研发方面，科研院所占据主导地位，研究力量比较分散，导致研究经费的投放也比较分散，无法"集中力量办大事"。为了对研发资源进行整合，我国人工智能研究可以借鉴美国的做法，成立国家级的人工智能实验室或研究院，以及人工智能产学研协同创新中心，打通产学研用的各个环节，通过顶层的统筹协调集中力量与资源解决重点问题。

（2）数据孤岛与数据碎片化，建立开放共享的大数据公共资源

因为数据表示与语义存在异构性，再加上数据可以实现开放共享，导致人工智能在落地的过程中困难重重。

首先，在异构性方面，很多行业没有提前确定具有普遍适用性的元数据描述，导致很多行业的数据缺乏标准，行业积累的数据集无法将人工智能技术的潜能充分释放出来。其次，在开放性方面，一些企业为了维护自身利益对数据共享做出了一定的限制，导致大量高质量的数据无法开放。同时，为了维护社会安全，监管部门对人工智能应用的落地提出了更多要求。在这种情况下，人工智能应用想要落地，必须尽可能获取更多高质量的数据，整合异构数据源，建立可以实现开放共享的大数据公共资源库等。

（3）产业生态体系不完整，需要围绕特定的应用场景开发定制AI芯片

目前，我国人工智能产业仍然没有形成完整、成熟的生态，尤其是在基础硬件领域。为了完善产业生态，我国人工智能企业应该将重点放在基础层的软硬件领域，针对一些特定的应用场景做好硬件研发，例如智能手机、无人机、智能驾驶、服务机器人等，从硬件实现角度在类脑神经芯片研发领域寻求重大突破，例如研发深度卷积神经网络芯片等。

（4）缺乏顶尖的创新型人才，需要借助互联网实现AI技术教育泛化

从人才角度来看，我国人工智能领域的人才多集中在应用层，而在欧美等国家，人工智能人才主要集中在基础层与技术层。而且，在我国，大多数人工智能研究人员的知识体系、研发能力都比较单一，既具有实践能力又具备理论能力的人才凤毛麟角。为了培养人工智能领域的顶级创新型人才，我国可以利用互联网在全国范围内开展人工智能教育，不断降低个体接触人工智能前沿技术的门槛。

企业如何借助AI实现商业价值?

在新基建的七大内容中,人工智能占据着非常重要的地位。在未来的经济社会发展中,人工智能将发挥重要的引擎作用。随着智能驾驶、智能机器人、智能医疗、智慧金融等人工智能应用逐渐成熟,企业对人工智能技术与应用的需求也将不断增加。

对于人工智能来说,其价值的实现在于落地应用,否则就只是一个概念。而人工智能的落地应用必然会遇到很多障碍,人工智能产业的发展也将在技术与商业两个层面受到极大的制约,最终,能够顺利进入生产阶段的人工智能概念应该不足10%。虽然很多企业都致力于人工智能解决方案的研发,在这方面也取得了一定的成果,但目前能够借人工智能解决方案获取商业利润的企业只有为数不多的几家。

从人工智能行业整体的发展情况来看,在探索人工智能技术的落地路径方面,相关企业可以采取四步法。

◆第一步:概念验证(proof of concept)

面对一个人工智能项目,企业首先要进行概念验证,证明该项目可以给企业带来实实在在的收益,或者可以帮助企业降低运营成本。

概念验证需要对企业结构、客户、企业规模和内部工作流程等进行全面考虑,采用的算法要相对简单,使用的训练数据要具有即时可用性,或者应该是内部标记的数据,最终要证明只需要使用极少的训练数据就可以解决特定场景的问题。当然,相较于概念验证阶段使用的训练数据来说,人工智能项目落地过程中使用的实际数据更容易出现建模问题,企业必须意识到这一点。

◆第二步：试点阶段（pilot program）

在完成概念验证确定项目可行之后，就要进入试点阶段，通过试点应用发现问题，提前解决问题，保证项目顺利落地。因为在对算法进行调整与训练的过程中，企业无法关闭正在运行的系统，也无法调整现有的人员配置，所以试点系统必须与现有系统一同运行，从而发现一些工作流程方面的问题，及时解决。

◆第三步：最终产品（end product）

最终产品就是可以在现实生活中使用，能够利用真实的数据解决实际问题的系统。在将小规模的算法转移到生成最终产品的过程中，必须考虑拓展原有算法所需要的数据。

因为目前的人工智能产品与应用大多依托于深度学习，对大数据有较高的依赖，所以企业所积累的数据数量与质量在很大程度上决定了人工智能项目能否成功落地，并实现产品化。在这个过程中，企业还要对运营成本、操作的复杂度、数据是否充足等因素进行充分考虑。

◆第四步：系统集成（system integration）

在最终的集成阶段，人工智能项目的落地可能会跨越多条业务线，面临很多困难，例如企业基础架构不完善、安全问题无法解决、技术支持缺位等，甚至可能需要直接面对普通用户，为普通用户服务。

在这个过程中，如何让人工智能项目和现有流程与业务实现高度集成是最亟须解决的问题。如果人工智能项目无法与企业现有的架构融合，就无法为企业带来真正的价值。根据实践总结，让人工智能项目融入企业现有架构最有效的方法就是提供算法模型的应用程序接口，或者将其作为现有系统中的程序代码模块嵌入其中。

通过上述四步，人工智能就具备了商业化落地的基础与条件。当然，在实际操作中可能还会遇到很多问题，例如企业推进人工智能项目的策略是否可行，人工智能项目的应用是否会导致企业现有的技术架构失效等。企业必须对这些问题进行全面考虑，以保证人工智能项目可以顺利落地。

人工智能只有在现实场景中落地应用才能释放出强大的生命力，但人工智能的商业化不能一蹴而就，需要企业持续探索。随着人工智能不断发展，新产品、新应用层见叠出，企业对人工智能的商业化探索也愈发深入，形成了四种比较成熟的商业模式，即生态圈构建、技术算法驱动市场、垂直领域整合、硬件切入上下游整合。虽然近两年人工智能的商业化落地取得了不错的成绩，但由于各种模式尚不成熟，仍存在很多问题，面临着很多挑战。企业只有不断地发现问题、解决问题，才能拓展更多人工智能的应用场景，带动整个行业实现可持续发展。

第15章　组织重构：AI驱动企业智能化转型

场景1：AI驱动的管理变革

近年来，人工智能技术飞速发展，并逐渐与传统行业相融合，形成了许多新的经营模式和业务流程。目前，在人工智能领域，"商业应用"已成为最流行的行业用语。

人工智能在商业领域的应用将为各行各业带来巨大的变革，它既能改变企业内部运作过程，又能改变企业生产经营过程；既能为企业的增长提供巨大的动力，又能为企业的发展带来诸多机遇。人工智能的到来，可能颠覆传统企业管理理念，引发新的管理伦理问题。

人工智能将会引起企业管理的变革。具体来说，它可以基于本身特征和发展趋势对企业管理的四个方面产生重大影响，这四个方面分别是管理对象、管理属性、管理决策和管理伦理。

◆AI与管理对象：管理客体逐渐颠覆

随着人工智能技术的发展和应用，人工智能的高效性和便利性逐渐显现，而人力的薄弱性和低效性也日益凸显。相比于人力劳动，企业更加青睐人工智能。

在这样的背景下，企业将越来越多地引进人工智能来改变生产模式。随着智能机器人逐渐取代人类员工参与企业的各种生产活动，人工智能对人的代替将会扩展到各个领域。特别是在一些高技术、高复杂、高计算能力场景下，人工智能将发挥越来越重要的作用。毫无疑问，人工智能与人类员工的差异将会颠覆传统的企业管理模式，给传统的企业管理理念带来巨大的冲击，具体表现在以下两个方面：

（1）进入人工智能时代，传统的激励手段将会失效，企业不会再围绕员工的心理需要和精神需求来激励他们努力生产。在传统企业运营中，企业文化不仅是企业精神的体现，也是企业价值观的体现，因此，企业文化的重要性不言而喻。而随着人工智能逐渐代替员工参与生产，基于"以人为本"原则的企业文化将会丧失对员工的软约束价值，企业文化在管理中的重要性也会明显下降。

（2）与人类员工相比，人工智能员工具有两大特征，分别是机械化和自动化。人们可以通过对人工智能员工的科学设定，让其自动执行相关工作。更重要的是，人工智能员工可以在无须人工控制和监督的情况下高效率、高精度、长时间地工作。从一定程度上来说，企业更容易利用科学化和标准化的管理方法来管理人工智能员工，因为科学管理理论中的管理原则和管理方法更适合人工智能员工管理。

◆AI与管理属性：管理本质更加复杂

从哲学角度来说，管理属性是对管理理论和实践所具有特点的一种高度概括。按照二分法的观点，管理既是一种科学，也是一种艺术，可以说，它是科学性和艺术性的统一。管理属性虽然完美融合了管理理论和管理实践，但是忽视了管理过程中的技术性要求。

人工智能技术的发展仍处于低端阶段，但其正努力向着高端阶段迈进。随着人工智能技术的发展，未来将出现越来越多更先进和更智能的技术。人工智能技术在企业领域的全面应用，不仅会颠覆传统的生产经营方式，同时也会颠覆企业的传统管理理论。

在人工智能时代，企业管理的第三属性——技术性将能全面彰显，因此，企业应该更加注重管理过程的技术性。人工智能时代的企业管理者大部分将由人工智能工程师来代替，这些工程师必须熟练掌握人工智能技术，才能以新型管理者的身份真正管理好人工智能员工。而面对人工智能员工的不断进步，传统管理者也需要注重对管理的技术性研究，不断提升自己的技术素养，将自己打造成合格的智能技术管理者。

◆AI与管理决策：决策环境不断优化

首先，管理者可以利用人工智能为自己打造一个"超级秘书"。这个"超级秘书"能够基于计算机深度算法整合企业内外部的各项数据，集成一个庞大的信息资源库，然后再利用数据信息进行情景模拟，帮助管理者分析、推导和处理各项复杂问题。一些需要复杂逻辑思维予以解决的问题都可以交由这位"超级秘书"来处理。在人工智能"超级秘书"的帮助下，管理者的管理水平将不再受到自身知识、精力和时间的限制，只需要根据以往的案例记录和企业的实际情况就能创造出大量备选方案，并最终做出更加科学、合理的决策。

其次，随着人工智能的进一步发展，企业还可以打造出与人脑智能相似的计算机。这种计算机能通过模拟人类的思维过程和智能行为获得更强的智能，实现更高层次的应用。这样一来，管理者可以借助这种人工智能强大的分析和决策能力，提出前瞻性的解决方案。在这一背景下，管理者就能利用人工智能技术与人工智能员工构建一个可控的决策环境，使其中的条件、信息和思维都掌控在自己手中。人工智能技术不仅能为企业打造确定性的、可控的决策环境，还能帮助企业打造出一批"绝对理性的决策者"，进而帮助企业实现最优决策。

未来，人工智能将颠覆传统管理决策的准则。随着人工智能技术的发展，相关应用也将向着工程化、实用化方向迈进。人工智能具有两大显著特征：一是强大的信息处理能力；二是绝对理性。基于这两大特征，人工智能可以对数据进行科学合理的分析，不断优化管理者的决策环境，使管理者借助"科技之手"突破生理局限，使管理决策不受有害人为因素干扰，从而将"有限理性"和"满意即可"的管理决策思维升级为"极限理性"和"最优选择"的管理决策思维。

◆AI与管理伦理：管理原则面临挑战

在发展过程中，人工智能技术可能从以下三个方面对管理伦理造成冲击：

（1）基于管理手段智能化的管理效率不符合管理人性化的需求

从本质上来看，管理效率和管理伦理是截然不同的概念。毫无疑问，将人工智能应用于企业之中，可以大幅度提升企业的管理效率。但是，如果企业管理者的素质不足，或者企业内部管理制度不匹配，一味通过智能化的管理手段来提升管理效率，很可能会严重违反管理伦理的要求。

因此，在实施智能化管理手段时，企业管理者一方面要了解每种技术的优缺点，另一方面也要了解什么样的技术匹配什么样的任务，以及运用每种管理手段可能带来的管理伦理问题。对每个企业和每个管理者来说，不仅要实现管理人性化、制度严格化和手段智能化的共存，还要实现三者的有机融合，这样才能有效应对管理过程中面临的各种挑战。

（2）人工智能发展对法律体系的健全性提出了新的要求

人工智能产品不能对自身造成的损害承担责任，因此，它并不是法律主体。随着人工智能技术的发展和应用，人们不能再将未来的人工智能产品看作单纯的工具。对于人工智能可能造成的危害，各国政府需要制定配套的法律规范，建立完善的责任追究机制，一旦有人利用人工智能做出违反法律的事情，就要严格追究其责任，同时也要明确界定各方应尽的义务，实行风险分担机制。

（3）人工智能技术持续发展带来的行业禁忌和伦理问题

目前，部分科学家针对人工智能技术的研发存在这样的担忧，即"全面人工智能的发展可能意味着人类的终结"。因此，如果人工智能技术研发不受伦理、哲学规范的约束，就可能泛滥成灾。为防止有人滥用人工智能而对他人和社会造成危害，各国政府应该积极联合社会团体和行业机构制定并完善与人工智能技术研发相关的行业标准和法律准则。

场景2：创新企业研发体系

作为一项创造性的治理活动，研发设计需要经历分析、决策、迭代、寻优等过程。人工智能拥有强大的技术优势，它在创新设计中的"地位"不可小觑。具体而言，企业要从以下三个层面进行研发创新：

◆ **从研发体系上，构建新型的组织结构和运营方式**

利用人工智能可以形成智能化的管理。具体来说，它能使业务流程和知识管理工作变得智能化，使数据的采集、反馈、监控、评估变得智能化，使分析预测和决策变得智能化。

（1）对企业来说，创新资源组织调配的传统做法是以生产者为中心，而现在则是以消费者为中心。因此，企业要谋求发展的新动力，就需要构建一种创新体系，从而对客户需求进行深度挖掘、实时感知、快速响应和及时满足。

以长安汽车为例，长安企业通过渐进式改革建立了高效的研发组织机构，并确保了研发流程的顺利执行。具体来说，长安企业将自己的弱矩阵结构升级为强矩阵结构，形成了"一纵两横"组织架构，即在纵向上提升能力，在横向上开发产品和共性基础技术，同时推进多项目研发、专业技术研究、共性基础研究同步进行，大大提高了企业的研发效率。

（2）企业过去的研发模式是封闭式创新，现在则是开放协同式创新。要建立开放、协同的创新研发模式，就需要建立全球分布式在线协同研发平台和相关机制。也就是说，要以统一的数据源为基础，在全球范围内建立企业内部协同和企业外部协调。

以海尔集团为例，海尔打造的Hope平台不仅是全球最大的开放式创新生态系统，同时也是一个全流程创新交互社区。海尔借助Hope平台将供应商打造成自己的模块商，实现了对产品的模块化生产，同时使模块商根据平台用户的需求进行产品研发和设计调整，实现了对模块的升级和对生产模式的创新。

◆从研发设计能力上，实现企业的高效精益研发设计

在研发设计环节中有许多流程性工作，如果能让人工智能代替这部分流程性工作，就能凭借其强大的数据处理能力为研发组织带来技术性革新。不仅如此，用人工智能替代流程性工作还能将传统的连续变量设计模式转变为随机变量设计模式，将传统的混合离散变量设计模式转变为模糊变量优化设计模式。为了充分发挥人工智能在研发设计方面的作用，企业可以采取以下两大措施：

（1）企业要推动数字化技术的深度应用，不断优化产业和技术研发的方法

在产品设计过程中，企业可以利用模糊数学理论简化处理海量的经验数据与实测数据。例如，在新产品设计过程中，企业可以充分利用数字化技术和数字化工具对产品进行二次开发，不断规范和优化设计流程，实现对设计方法、设计标准和设计规范的融合集成，并在数字化工具中为企业沉淀更多的知识。同时，企业还可以利用数字化游戏模拟产品使用过程，不断调整产品设计方案，持续提高产品性能。

（2）企业要提高产品研发的可视化和自主优化水平，不断提高产品性能

在产品设计阶段，企业可以利用启发式算法、遗传算法、蚁群算法等对

产品进行性能模拟、运动分析、功能仿真和使用评价，从而实现自动化和智能化的产品设计。例如，在产品包装设计中，图形素材整理需要耗费设计师大量的时间与精力，消磨设计师工作的动力。引入人工智能算法之后，这种情况将得到极大的改善。算法可以承担色彩匹配等简单任务，还可以利用现有的素材创建不同的组合，带给设计师无穷无尽的灵感等，让设计师精力充沛地投入工作，设计出更好的作品。

◆ 从研发服务形式上，提供更高效、更多样的个性化定制

（1）企业要充分利用大数据、云平台等新一代生产要素提升产品研发效率。企业可以利用机器学习算法来处理数据，并利用人工智能代替研发过程中的流程性工作，从而大幅度提升产品的整体研发效率。

例如，英国著名的摩尔眼科医院通过与谷歌合作研发出一款可用于眼部医疗的机器学习系统，医疗人员只需要利用这一系统对患者的眼部进行扫描，该系统就能根据扫描数据推测出潜在的眼部疾病风险。眼部扫描技术并不是一种新技术，很久以前就已经出现。但是，传统的眼部扫描仪器无法在完成扫描后根据数据信息快速推测出潜在的眼部疾病风险。而机器学习系统可以处理海量的数据，并能通过对知识的学习做出传统仪器无法提供的预测和判断。

总之，利用机器学习技术可以大大缩短数据分析的时间，提高数据分析的准确率，并能及时给出问题的解决方案。

（2）未来的人工智能设计，能突破过去的"不可能环节"，呈现出更

直观、更形象的研发形式。例如，借助现代科技手段，我们可以获取大量的基因生物学数据，但是要想破解和掌控这些数据却是一个巨大的难题，至少人类目前还做不到这一点，而如果利用人工智能深度学习技术来分析和发现基因之间的关联，将能大大缩短人类"理解"基因的进程。人类可以利用人工智能技术在海量的基因数据中找出与健康相关的基因序列模式，然后再根据这一基因序列模式为人们诊断或预测疾病，并优化用药靶向。

场景3：智能客服的应用

在日常生活中，AI语音助手是最典型的人工智能应用之一。随着这一技术应用的普及，人与人工智能之间的交流互动变得越来越简单、高效。例如，许多企业客服中心经常利用AI语音助手来代替人工客服的工作，这不仅能增强与客户的交流，还能大大节约人工成本、提高沟通效率。随着技术的不断进步，AI生态系统会不断完善，未来的智能客服也将带来越来越多的价值。

语音识别是基于自然语言处理和机器学习技术的人工智能应用。目前，随着这两种技术的不断发展，语音识别的准确率已经基本达到人类水平。在日常生活中，语音助手获得了较大的普及，人们经常能与智能语音展开互动，而且这种互动正随着技术的进步变得愈发简单、自然和高效。例如，在当下的生活中，不管是老人还是儿童，都能够熟练地使用天猫精灵等智能音箱服务。

在很早以前，企业就将菜单式自助语音交互服务用于客服中心，为人工客服分担工作压力。目前，传统菜单式自助语音交互服务逐渐被淘汰，取而代之的是智能语音导航服务。智能语音导航系统在为客服中心分担人工压力的同时，也能为用户提供更高效、更及时、更专业的客服服务。据德勤提供的数据显示，2017年，人工客服的接通率为64%；而到了2019年，人工客服的接通率为47%；预计到2020年，B2C电商领域的人工客服接通率将下降25%，即智能客服将取代25%的人工客服。随着人工智能的进一步发展，智能客服将会被越来越多地运用于企业服务。

◆智能语音服务方面

将智能语音识别及分析技术与传统互动式语音应答相结合可以构建"智能语音服务系统"，实现更为智能化、人性化和高效率的语音服务，这种语音服务不仅能极大地满足客户需求，同时还能进一步提升客户满意度。另外，基于这种技术，还可以实现对传统互动式语音应答菜单的"扁平化管理"。

在"语音导航系统"面前，用户只需口头表达自身需求，就可获得相应的信息和服务。在自然语音交互界面中，用户可以充分享受方便、快捷、自然的自助语音服务。

用户可以向智能语音服务系统主动提出需求，同时智能语音服务系统也可以直接询问用户的需求。在两者的交流过程中，用户可以随时打断智能语音服务系统"说话"，自然地说出自己的需求，不需要等到智能语音服务系统给出提示语后再做表述。这种开放的互动方式可以使用户和智能语音服务系统之间的交流互动更加高效、方便和自然。

智能语音服务系统能自动判断用户所说的内容，并在被打断说话时及时停止提示语播放。呼叫导航技术具有强大的自然语言理解能力，能够根据用户语言中的关键词自动判断其需求，并提供合适的信息或服务。

语音自助服务借助先进的语音识别技术和判断机制可以提高自身的自动化水平，为用户提供自然、高效的交互体验，并提高客户的使用满意度。

◆智能语音质检方面

智能语音质检和分析系统是一种基于语音分析技术的工业系统。这一系统可以通过用户语言理解用户需求，并根据语音数据为用户提供质检服务。其基本原理是通过质检机制自动筛选录音数据，及时发现质量问题，并敦促质检人员对相关问题进行进一步的审核确认。其提供的自动化质检服务既可以大幅度地提升质检覆盖率，同时也能大大提高质检的工作效率。

智能语音分析系统能借助语音分析技术对重点业务的来电原因、通话时长、通话满意度、重复来电等进行分析，及时把握客户需求变化，快速发现服务过程中存在的问题和风险。这有助于企业提前制定有效的应对措施，不断提升服务水平和营销水平。

◆智能机器人方面

用户可以通过多种渠道来发表自身看法和提出问题，比如微信、手机App、在线网页等。而智能机器人可以通过这些渠道采集用户的看法和提出问题，并通过智能分析对用户的需求和意图进行精准的识别。

智能机器人在识别完成用户需求和意图后，会将识别的结果与知识库或企业业务系统进行对接，从而完成对业务知识和流程的查询，并将定制化的解决方案输送到客户终端，完成对客户的服务。智能机器人不仅能为用户提供全天候、多渠道、媒体化、社交化的服务，还能代替人工减轻企业客服压力，为企业大大节约运营成本。

◆智能知识库方面

目前，我们正处于"互联网+全媒体"的时代。在这样的时代背景下，通过单一的电话渠道来获取客户需求已经无法适应现代企业发展的需要，要想快速了解客户需求，还需要借助多媒体渠道。这就意味着企业要提升传统知识库的质量，比如利用智能技术打造智能知识库体系，以满足客户对高质量服务不断增长的需求。智能知识库体系要实现"三化一体"，即要使知识库体系中的知识实现结构化、智能化、互联网化的存储和调度。

随着人工智能技术的发展，AI生态系统变得越来越完善，AI解决方案也变得越来越有价值。在一些特殊场景下，人们可以将多个AI系统连接起来，形成一个庞大的人工智能网络，实现各AI系统之间的实时交互，进一步满足日益复杂的客户需求。

场景4：人力资源的价值重构

目前，人工智能已经进入高速发展阶段，呈现出"井喷"状态。大力推进人工智能新基建进程，不断创新人工智能技术和应用，是现阶段产业变革的核心方向。

在企业方面，人工智能技术的发展已经步入全面商业化阶段，而且各科技企业在人工智能技术和应用上的投入也在不断加大。人类的生产生活在人工智能的影响下发生了翻天覆地的变化，而且这种影响还会向着更广的维度延伸。

人工智能时代是一个机遇和挑战并存的时代。在这样的时代中，人工智能将会对企业的业务模式、团队结构、客户体验等带来深远的影响。如果企业能将人工智能与企业战略相结合，就可以创造新的机遇和优势，比如提升人力资源部门的智能化、数字化水平，帮助企业在人才竞争方面建立强大的优势等。

◆劳动力管理

随着人工智能时代和工业4.0时代的到来，劳动力将迎来技能升级和转型。这就需要大力培养尖端科技人才，如人工智能人才、复合技能人才等。在劳动力升级和转型过程中，人力资源部门需要做出哪些转变呢？

（1）积极主动地了解企业业务和生产流程，并在人才输送方面制定相关策略。

（2）建立专门的企业大学或实习基地，培养多功能的科技人才，为企业定制化输送实力过硬的尖端人才，推动企业的数字化和智能化转型升级。

（3）为科技人才提供精益生产类课程、物流布局规划课程、自动化设备课程、信息化课程、商业模式转变课程等专项培训课程，不断更新科技人才的知识储备。

（4）改变中高管层级的思维模式，形成人才培养的文化氛围。一是可以邀请行业内的资深专家来企业进行演讲，对企业中高层实行内训；二是可以组织企业人才到行业标杆企业进行参观学习；三是可以组织企业尖端人才进行海外游学，邀请国外专家进行现场分享和研讨，学习吸收国外的先进业务模式。

◆学习与发展领域

新一代的培训工作者应该具有较高的胜任力，不能单纯地只具备培训一种能力，还要具备多项技能，胜任多重工作，比如设计方案、制作课件、培训授课、外聘老师、评估效果、管理项目等。在技术发展的推动下，企业员工不仅要懂得学习背后的心理学动机，还要具备尽可能多的信息技术能力。

人工智能在企业学习与发展领域的应用场景主要有四个，具体分析如下：

（1）智能问答

人工智能可以针对共性问题快速给予响应，避免重复工作，减少不必要的人员耗损；同时可以在学习场景、业务场景等多种不同的场景下及时响应，帮助员工解决各种问题。

（2）智能课程推荐

人工智能可以根据员工的学习行为和培训记录，向他们推荐匹配性课程；可以通过分析员工的学习数据，判断其是否具有相关培训资质，如果员工尚未具备参加正式培训的知识和素养，就需要向其推荐"前导课程"；可以向员工推送精简课程，提高他们的学习效率，避免重复性学习。

（3）场景化培训

企业可以利用AR/VR等技术手段实行场景化培训，帮助销售人员更加深刻地了解产品性能，更加深入地理解产品内在原理；将AR技术与现实相结合，模拟现实生活中的工作场景对员工进行测试。除此之外，企业可以利用人工智能培养员工的安全意识，通过相关训练提高员工对危险工作的适应性，降低事故发生概率；增加课程趣味性与互动性，从而提升员工的培训体验和学习效率。

（4）人才发展

企业可以利用人工智能进行人才盘点，运用多维数据、线上绩效、360度测评等形成人才报告，减少线下沟通及上传计算的时间；利用人工智能获得晋升推荐，例如根据员工历史绩效和薪酬数据，推荐优秀员工岗位晋升；及时发现人才异动，对人才异动进行相关审核，避免审核放水现象；减少人力浪费，提升员工效率，激励绩效不合格员工进行绩效优化。

◆ **招聘领域**

随着招聘工作向着智能化、数字化方向转型升级，AI技术在招聘流程中的应用越来越普遍。许多HR已经适应了与机器一起工作，并懂得将机器训练得更加智能。

目前，用AI技术取代人工进行重复性劳动是一项已经被验证的事情，未来，AI技术将会被更广阔地应用于各个领域。如果人工智能设备能够取代HR 75%的工作，那么HR的工作任务和工作目标就会发生重大变化，转变为关注雇主品牌、深度宣传和吸引候选人等。

这就要求招聘人员在深度和广度上提高自身的能力。从深度上来看，招聘人员的招聘手段应该从专甄选人才转变为吸引人才，其不仅要掌握某个招牌环节应具备的能力，还要掌握各个环节的工作。从广度上来说，HR要将自身的人力资源专业知识与AI技术相融合，不断提高自身的知识面和技能水平。

人工智能在企业招聘领域的应用场景主要有四个，具体分析如下：

（1）AI简历解析与人岗匹配

企业可以利用人工智能技术识别各种图片、文字等文件，并对相关数据进行信息抽离和格式化处理；利用自然语言处理技术（NLP）构建训练模型，提取人才特征，对员工简历中的知识、技能、能力、动机等进行岗前匹配；人工智能技术可以在短短数秒内识别成千上万的简历，筛选出最符合公司要求的优秀人才，并给予面试推荐。

（2）AI文本聊天机器人

企业对AI文本聊天机器人的应用也集中在招聘领域，主要用于与固定候选人的交互。AI文本聊天机器人的主要价值是为企业搭建雇主品牌形象。基于企业官方公众号，AI文本聊天机器人可以通过在多种对话场景中的应用，为企业打造良好的形象，并实现对企业品牌和产品的宣传。用户只需在公众号里回复行业关键字词，便能获取相关产品介绍或客服人员提供的服务。

（3）AI面试测评

企业可以利用智能机器人对应聘者进行通用能力素质测评、文化价值观考评，除笔试外，智能机器人还可用于对应聘者的各种通用类面试。AI面试测评可以帮助招聘工作人员缓解招聘压力，可借助程序设计、数据基础和互联网对应聘者进行精准的面试筛选。

（4）AI视频面试

AI视频面试能基于表情识别算法、容貌识别算法、语音识别算法、语音评测算法，利用自然语言处理技术、计算机视觉技术、语音技术等对候选人的岗位胜任力进行评测；利用模型多维度地呈现候选人的能力，并对他们进行综合性评估；根据测评结果对候选人进行排序，帮助HR快速识别高质量人才；同时可以给出劣汰和择优的建议。

随着社会发展、时代变迁，企业的组织结构、管理模式也应该做出相应的调整。在5G即将实现大规模应用、人工智能时代即将来临的今天，企业的数字化转型已经成为不可逆转的趋势。人工智能丰富的产品和应用为企业颠覆传统的组织形式、管理模式、产品研发流程、人力资源管理方式等奠定了良好的基础。随着数字化转型的成果逐步显现，未来，企业将加快对人工智能应用的探索，从更多环节切入，全面实现数字化转型。

第16章　AI营销：数字时代的营销战略转型

AI如何颠覆传统营销战略？

近几年，人工智能逐渐从"高精尖"的小众范围走入大众视野，究其原因，除了硬件技术的突破成熟，还得益于互联网和移动智能终端广泛普及产生的海量大数据资源。

从市场营销角度来看，人工智能的快速发展和应用也为营销创新带来了新的机遇和空间，有助于推动企业营销活动的智能化升级。与以往的虚拟营销和电子营销不同，智能营销是一种基于更高科技水平的智能运作模式，主要体现在三个方面：

◆优化营销数据搜集和处理方式

以全球搜索巨头谷歌为例，其应用于Google Maps（谷歌地图）和Google Earth（谷歌地球）中的Google Street View（谷歌街景）技术，需要员工亲自到街景实地去检查矫正，以保证为用户提供的街道全景图的准确性。

不过，在开发出Google Brain（谷歌大脑）后，这一费时费力的检查矫正工作便可以通过智能机器人完成，利用人工智能技术进行图像识别，使员工从烦琐枯燥的审查工作中解脱出来；同时也大幅提高了工作效率，为用户带来更优质的使用体验，如在一小时甚至更短时间内准确识别出某个区域街景地图中的所有地址，为用户提供精准化、人性化的导航服务。此外，Google Brain也被应用于Android的语音识别和Google+的图像搜索。

借助人工智能技术，谷歌突破了互联网搜索公司的单一定位，转变为一家机器智能学习公司。同时，人工智能技术的广泛应用也为谷歌采集、处理和分析产品的相关原始数据提供了新的思路和方案，既降低了应用的成本，又提高了精准性，大大提升了用户的使用体验。

◆提供个性化的营销策略

除了优化营销数据的采集处理方式，人工智能技术与当前快速发展的物联网技术的有机结合，还可以帮助企业获取更全面、可靠的消费者行为数据，实现用户精准画像，为个性化营销活动提供坚实的数据支撑。

比如，耐克体验店使用类似于苹果iBeacon的技术向附近的消费者实时推送优惠活动信息，吸引顾客到店试穿体验；体验店的样品中预先植入了智能传感器，能够准确记录消费者对该商品的试用次数和感受，并将搜集到的这些体验信息传送到耐克公司后台处理系统，进行数据处理分析。

当体验店采集到足够多的消费者行为数据后，后台系统就可以通过大数据分析构建顾客行为数据模型，进而利用人工智能技术为实体店中的营销人员提供合理的营销策略建议，帮助实体店及时调整优化营销策略。

人工智能技术还可以对消费者个人资料、行为习惯、消费偏好等方面的大数据做出分析，帮助商家进行客户细分，实现个性化品牌内容或产品广告推送。同时，人工智能技术的应用还能帮助企业及时获取前端客户信息，大幅缩短信息上下流通的周期（市场信息向上传送到管理层，管理决策向下传输到执行层），增强企业的灵活性和执行力，抢先对手进行市场营销。

◆ 改变广告投放方式

人脸识别等人工智能技术的发展、成熟也重塑了广告投放方式，帮助企业从"广而告之"转变为"准而告之"，提高了广告投放的合理性与精准度，从而获得更大的广告效益。

比如，在数字广告牌中植入网络摄像头和相关软件，广告牌便可以通过人脸识别技术采集观看者的体貌特征以及观看广告的时长等信息。企业可以基于对这些数据信息的挖掘分析，有效评估广告投放效果，从而及时优化、调整投放的目标区域和人群，提高投放效益。

同时，在广告牌中应用人工智能技术，还可以搜集观看者对广告内容的兴趣、反应等多维信息，从而围绕受众特质和内容偏好实现更有针对性的广告推送。由此，人工智能技术可以帮助企业精准洞察受众群体，使广告营销从以往的单向信息推送转变为双向互动，实现个性化广告推送。

此外，人工智能技术同样也可应用在语音广告中。企业利用移动设备上的麦克风、陀螺仪等附属设备向用户推送语音广告，用户在听广告的过程中可以进行语音互动，获取更多产品信息。如此，语音广告具有了人性化特质，会"思考"、能"交流"，从而为用户带来更有趣的广告体验。

比如，各视频网站在视频内容正式播放前，常常会有十几秒到几十秒不等的广告。用户希望能减少广告时间尽快进入正式内容，而企业和广告主希望延长广告时间，以在用户心中留下更深刻的产品或品牌印象。人工智能技术则可以提供有效的问题解决方案。

在广告播放过程中，商家可以通过智能语音互动技术向用户提出与产品或品牌有关的问题，若用户回答正确，则可直接跳过广告观看视频。对用户来说，这种语音互动不仅是一种全新的体验，还能减少广告时间；对商家而言，看似缩短了广告时间，但在语音互动过程中让用户对产品和品牌有了准确、深刻的认知，从而真正强化了用户关注，增强了广告效果。

此外，智能语音互动技术还可以帮助商家做用户调研，获取更全面的用户信息，实现用户精准画像，从而为后续的各种营销动作提供有力支撑。

总之，人工智能技术与营销的广泛深度融合，将为企业拓展更多新的营销思路和方案，推动营销活动的智能化、个性化。

数据洞察：精准定位消费者需求

虽然人工智能技术在几十年前就已经出现，但直到近两年，通过谷歌的

AlphaGo、苹果的 Siri、百度的小度机器人等产品及应用，其概念才开始得到较大范围的推广和普及。在人工智能技术的商业应用中，将人工智能技术应用到企业营销领域无疑是一大热点。基于人工智能技术的智能化营销将促使整个营销行业迎来颠覆式变革，让广大消费者享受到前所未有的消费体验。

当前，市场中的主流消费类型主要包括功能型消费与体验型消费，二者之间的差异在于后者不仅关注商品，而且重视购物过程。在体验型消费场景中，人们通过视觉、听觉、味觉、嗅觉、触觉等获取到的产品及品牌的相关信息，都会对消费体验产生十分关键的影响。显然，消费体验是一种精神和情感的体验，是物质需求之上更高层次的需求。

AI 技术可以对市场环境进行有效分析，帮助企业更好地应对外部竞争，给消费者创造更为优质的消费体验。

随着大数据技术的快速发展，企业能够通过对海量的数据进行搜集并分析，掌握用户需求变化，优化业务流程，给消费者提供更为优质的服务。而在智能化营销中，人工智能技术将与大数据技术实现深度融合，使长期以来被企业忽视的"暗数据"的潜在价值得到充分释放，在充分满足用户个性化需求的同时，还能对消费需求进行精准预测，并发掘其潜在需求。

IBM 推出的人工智能系统 Watson，应用了能够对消费者与产品广告信息进行有效匹配的大数据技术，并和世界范围内的多家品牌商进行合作，提高了产品及服务质量，对消费体验进行了优化改善。

以和 IBM 合作的户外服装品牌 The North Face 为例，该品牌将 Watson 应用到了其营销推广过程中，当消费者购买其产品时，Watson 会向消费者提一些问题并对答案进行分析，然后为消费者推荐符合其需求的产品。

在The North Face和IBM合作的案例中，运用的人工智能技术主要是文本分析技术，而随着社交媒体以及智能手机的推广普及，图片信息大幅度增长。所以，图像识别和大数据技术的结合，会是未来人工智能领域的一个重要研究方向。这种技术需要对用户上传的海量图片信息进行深入分析，使企业对消费者有一个更为全面而深入的认识。

VR互动：提升用户的参与感

发展至今，广告内容的呈现方式得到了极大的拓展，除了图文信息外，音频、视频乃至直播等也能很好地向目标群体传播广告内容。广告表现方式愈发丰富，为吸引消费者关注广告并参与互动提供了强有力的支撑。

目前，很多企业正在尝试将人工智能和VR技术相结合，进一步提升目标群体的广告体验，使其产生强烈的沉浸感与参与感，从而主动和企业互动，帮助企业进行营销推广。未来，该项技术在广告营销应用日渐成熟，将会推动整个广告营销行业发生颠覆性变革。

2016年，房地产VR内容制作平台无忧我房上线了人工智能销售助理——Hugo。使用VR设备的消费者可以享受到Hugo提供的信息服务。Hugo可以对用户数据进行搜集并分析，根据用户购买力以及购买意愿等指标，对客户进行分级。

人工智能和VR技术结合后，无忧我房给用户带来了更为优质的看房体验，使消费者能够获得更为全面而真实的产品信息，从而做出科学合理的消费决策。

　　不仅是房产市场，在食品销售领域，人工智能和VR技术同样有着广阔的应用前景。以百度和乳业品牌伊利合作推出的VR体验活动"度秘看伊利"为例，双方推出了定制纸盒版VR眼镜，当用户使用这款设备，并打开手机上的手机百度App应用后，就可以身临其境般体验伊利的牛奶加工厂。

　　应用人工智能技术的语音互动广告，同样让我们见识到了其强大之处。优数科技公司为企业客户推出了一款可以让用户跳过片头的智能软件，企业可以通过这款智能软件在视频片头广告位置设置问题，当用户给出正确的答案后，就可以跳过片头广告，这样既可以提高用户体验，也能确保用户真正了解产品及品牌信息，而不是在广告时间切换窗口，浏览其他内容。

　　京东在一二线城市的优质物流服务，是其能够在阿里系的淘宝、天猫的围困下生存下来并不断发展壮大的重要因素。近两年，京东又开始在人工智能技术领域发力，利用融合了人工智能、语音技术及电商服务的叮咚智能音箱，为用户提供智能语音购物服务。通过叮咚智能音箱，用户可以获取商品信息、下单购买、追踪订单实时状态等，这为京东带来了更为多元的流量入口，为用户的购物消费提供了诸多便利。

　　人工智能互动技术的支撑下，企业营销开始迎来转型升级期，品牌和消费者的交流互动变得更为频繁、智能，购物过程有了更多的体验感与参与感，促使消费者在互动过程中主动了解产品及品牌信息，引发其情感共鸣，从而确保最终能够完成预期营销目标。

智能对话：提供全新的购物体验

目前，包括德勤、埃森哲在内的国际知名市场研究机构，都在其新技术发展报告中对"对话营销"给予了高度关注。在购物时，人们更加希望能够获得一对一的专业指导，快速、高效地帮助自己制定科学合理的消费决策，但这会造成企业经营成本的大幅度增长，尤其是在一些客单价较低的行业中，这种需求几乎不可能得到满足。而通过人工智能技术打造会话式互动，则为解决这一问题提供了有效手段。

为了改善用户购物体验，很多企业已经在营销过程中引入了会话式互动，比如肯德基与百度进行合作，在上海推出全球首个智能概念店"KFC original+"。在门店中，将由百度的"度秘机器人"提供语音交互、全息投影展示、智能点餐等服务。

在点餐体验区，人们可以和度秘机器人进行互动点餐；在全息投影区，人们可以和度秘机器人进行互动，了解肯德基食品的加工生产过程。度秘机器人可以通过对话式互动为消费者提供一对一服务，在充分满足其购物需求的同时，强化其对肯德基产品及品牌的认知，甚至将其转化为肯德基的忠实粉丝。

亚马逊在智能化营销方面同样投入了大量资源，其推出的智能音箱Echo能够为用户提供语音搜索产品、语音支付等购物服务，Echo内部配备了人工智能服务系统Alexa，能够处理消费者发出的各种语音指令，并在用户购物过程中提供全程服务。此外，Echo还可以为用户提供打车、外卖等本地化生活服务，给用户的生活带来了极大的便利。

满足用户需求是提升消费体验最直接、有效的手段，应用人工智能技术后，产品不需要再去强调自身具有的某种强大功能，而是可以通过整合各种连续的场景，快速、高效地满足用户的个性化需求。比如上文中百度的度秘机器人、亚马逊的智能音箱Echo等，就能够让用户在交流互动中满足自身的购物消费需求，从而给用户带来全新的购物体验。

在越来越多的创业者及企业的探索和实践下，人工智能技术在营销领域的应用程度日渐加深，基于人工智能技术打造出的极具创意与体验感的营销内容及场景，消费者的购物体验得到了质的提升。具体来看，消费体验的提升主要体现在以下三个方面：

● 在产品设计方面融入更多的科技元素，给消费者的感官带来强烈冲击。

● 通过打造丰富多元的购物场景，使消费者在一种舒适、放松的氛围中进行消费决策。

● 通过人工智能技术和消费者进行互动交流，引导消费者在互动过程中了解产品及品牌信息。

从实际发展情况来看，目前市场中的人工智能产品虽然在引发消费者情感共鸣、让消费者获得感官刺激等方面表现十分抢眼，但产品社交属性明显缺失，尤其是不具备让用户进行互动交流的功能，未来随着相关技术的不断发展，人工智能产品的社交功能缺失短板将会得到有效解决。

考虑到人工智能技术本身的限制，距离真正实现智能化营销恐怕还有相当长的一段路要走。从本质上来说，营销推广的目的主要是为了发掘用户需求，并刺激用户购买，而现阶段的人工智能技术结合大数据等技术后确实可以发掘用户需求，但在刺激用户购买方面的效果仍然不够理想。

此外，刺激用户购买并满足用户需求需要进行充分的沟通交流，而现阶段的人工智能产品仅能按照企业设定的程序和消费者进行最基础的互动，无法真正取代营销人员。当然，这些问题主要是由于人工智能技术尚未成熟造成的，未来随着相关研究的不断深入，以及人工智能技术的持续发展，这些问题都将迎刃而解，智能化营销也能够真正落地。

面对激烈的市场竞争，传统营销方式显得势单力薄、无力招架。面对传统营销出现的种种问题，例如用户定位不准确、广告投放效果不佳等，人工智能提出了很多有效的解决方案。以丰富的数据为依托，人工智能可以帮助企业精准定位目标用户，提高广告投放的回报率；利用VR/AR等技术，可以增进企业与消费者的交流和互动，带给消费者全新的购物体验等。未来，随着营销行业对人工智能的探索不断深入，必将拓展出更多应用场景，让营销变得更加数字化、智能化。

参考文献

[1]新基建经济学宣言[J].任泽平.财富时代.2020(6).

[2]新基建为我国产业链现代化按下快捷键[J].徐晖.电器工业.2020(7).

[3]数字经济背景下新基建的核心与实质[J].赵豪迈.国家治理.2020(23).

[4]"新基建",工业物联网发展新引擎[J].宋慧欣.自动化博览.2020(6).

[5]全球价值链研究综述及前景展望[J].杨翠红,田开兰,高翔,张俊荣.系统工程理论与实践.2020(8).

[6]新型基础设施投资与产业结构转型升级[J].郭凯明,潘珊,颜色.中国工业经济.2020(3).

[7]新基建,对制造业意味着什么[J].周永亮.智慧中国.2020(Z1).

[8]产业协同集聚对绿色全要素生产率的影响研究——基于高新技术产业与生产性服务业协同的视角[J].王燕,孙超.经济纵横.2020(3).

[9]数字经济水平对制造业产业结构优化升级的影响研究——基于浙江省2008—2017年面板数据[J].沈运红,黄桁.科技管理研究.2020(3).

[10]中国先进制造业的发展现实与未来路径思考[J].李金华.人文杂志.2020(1).

[11]数字经济与人工智能[J].财经界.2018(1).

[12]人工智能开启数字经济3.0新时代[J].徐志成.科学24小时.2019(Z1).

[13]人工智能,带动数字经济跨越发展[J].曹祎遐,曹子萱.上海信息

化.2018(12).

[14]发展数字经济值得深思的几个问题[J].李国杰.科学中国人.2018(21).

[15]人工智能与数字经济广东省实验室（深圳）[J].李岱素，刘启强.广东科技.2019(10).

[16]积极运用人工智能发展云南数字经济[J].王冰，杨俊伍.社会主义论坛.2019(5).

[17]新基建将成为产业数字化转型加速发展的新基石[J].张莉.中国对外贸易.2020(9).

[18]人工智能与数字经济广东省实验室（广州）[J].李岱素，刘启强.广东科技.2019(10).

[19]人工智能"C位"驱动数字经济[J].互联网经济.2019(11).

[20]人工智能开启数字经济新时代[J].李菡.河南科技.2018(8).

[21]人工智能背景下教学自由的价值意蕴及其限度[J].李洪修，田露.湖南师范大学教育科学学报.2020(4).

[22]机遇、挑战与对策：人工智能时代的教学变革[J].周美云.现代教育管理.2020(3).

[23]人工智能背景下大学教学思维的审视与回归[J].李洪修，吴思颖.高校教育管理.2020(2).

[24]联通主义学习中学习者社会网络特征研究[J].郭玉娟，陈丽，许玲，高欣峰.中国远程教育.2020(2).

[25]"互联网+教育"的学习空间观：联通与融合[J].李爽，鲍婷婷，王双.电化教育研究.2020(2).

[26]"人"与"非人"——智慧课堂中人的主体性考察[J].张务农，贾保

先.电化教育研究.2020(1).

[27]联通主义学习中个体网络地位与其概念网络特征的关系探究——基于cMOOC第1期课程部分交互内容的分析[J].徐亚倩，陈丽.中国远程教育.2019(10).

[28]后人类主义技术观及其形而上学基础——一种马克思主义的批判视角[J].王志伟.自然辩证法研究.2019(8).

[29]为机器立心：智能时代教育的人文使命[J].张祥云，柳蔚.大学教育科学.2019(4).

[30]基于面部表情的学习者情绪自动识别研究——适切性、现状、现存问题和提升路径[J].陈子健，朱晓亮.远程教育杂志.2019(4).

[31]人工智能时代医学教育的变化及人文教育的重要性[J].邹丽琴，顾艳艳，陈川.西南国防医药.2019(5).

[32]人工智能在医学教育中的应用和发展[J].李文星，唐军，屈艺，母得志.成都中医药大学学报(教育科学版).2019(1).

[33]人工智能在临床医疗培训中应用创新[J].刘沙，赖红波.电子商务.2019(7).

[34]弱道德人工智能可行吗——从精神医学用途到道德增强[J].尹洁.医学与哲学.2020(13).

[35]"互联网+"模式下人工智能对麻醉教学的影响[J].石海霞，杜雪江.教育教学论坛.2019(39).

[36]人工智能在医学生临床技能培养中的应用探讨[J].李熠，匡双玉，桂庆军，尹凯，钟慧，游咏.医学教育研究与实践.2018(6).

[37]人工智能时代的教育挑战[J].顾明远.创新人才教育.2019(4).

[38]人工智能时代下教师专业发展的新特质及践行新思路探索[J].曹水莲.科技资讯.2020(1).

[39]人工智能思想在创客教育中的应用研究[J].牟琴.中国教育信息化.2020(1).

[40]我国人工智能教育研究现状及主题结构分析[J].郑娅峰，傅骞，赵亚宁.数字教育.2020(1).

[41]基于人工智能技术预测正逐渐成为现实[J].郭涛.互联网天地.2020(1).

[42]人工智能技术在商业银行的应用探讨[J].冯一洲.金融电子化.2019(9).

[43]人工智能技术对上海国际金融中心建设的影响[J].贾德铮.全国流通经济.2020(6).

[44]人工智能在商业银行中的应用研究[J].刘静.长春金融高等专科学校学报.2020(3).

[45]人工智能在信用评级中的应用[J].杨涛，邹凯琳.全国流通经济.2020(16).

[46]人工智能技术在催收行业的机遇、挑战及对策[J].覃方彦.现代营销(下旬刊).2020(8).

[47]人工智能在金融领域的应用分析[J].王奕翔.财经界.2020(28).

[48]人工智能技术在我国证券行业发展现状分析[J].赵聪远.通讯世界.2019(2).

[49]大数据与人工智能技术的银行业应用[J].曹骏.甘肃金融.2019(7).

[50]人工智能技术在金融领域的应用:主要难点与对策建议[J].麻斯亮，魏福义.南方金融.2018(3).

[51]物联网技术在智能家居中的应用研究[J].游洋.科技风.2020(2).

[52]物联网技术在智能家居发展中的运用[J].刘晓辉.电脑知识与技术.2019(35).

[53]物联网技术用于智能家居中的应用和开发探讨[J].詹国锋.电子质量.2019(12).

[54]物联网技术在智能建筑中的运用[J].潘智淳.通信电源技术.2020(3).

[55]物联网技术在现代智能型建筑中的运用分析[J].程万鹏.四川建筑.2020(1).

[56]物联网技术在智能家居中的应用[J].南勇.信息通信.2020(4).

[57]物联网技术在智能建筑中的设计和应用[J].阚昆.中外企业家.2020(19).

[58]基于物联网技术的室内环境控制方案研究[J].闻国才.黑河学院学报.2020(4).

[59]物联网的应用:智能家居[J].路云翔，黎文楷，徐芮，陆子杰.产业与科技论坛.2020(10).

[60]智能家居的物联网技术及其应用分析[J].张雅娟.计算机产品与流通.2020(10).

[61]智慧城市中的大数据[J].李德仁，姚远，邵振峰.武汉大学学报(信息科学版).2014(6).

[62]当前我国智慧城市建设中的问题与对策[J].辜胜阻，杨建武，刘江日.中国软科学.2013(1).

[63]智慧城市的概念、支撑技术及应用[J].李德仁，姚远，邵振峰.工程研究—跨学科视野中的工程.2012(4).

[64]我国智慧城市建设的现状及思考[J].张永民，杜忠潮.中国信息界.2011(2).

[65]智慧城市理念与未来城市发展[J].巫细波，杨再高.城市发展研究.2010(11).

[66]数字政府演化进路及其驱动模式分析[J].刘密霞，朱锐勋.行政与法.2019(10).

[67]政府数字化转型演进趋势与展望[J].朱锐勋.云南科技管理.2019(5).

[68]整体政府视角下政府治理模式变革研究——以浙、粤、苏、沪等省级"互联网+政务服务"为例[J].翟云.电子政务.2019(10).

[69]广东省政府数据开放发展建设探索[J].江振强，杨鸿.电子产品可靠性与环境试验.2018(S1).

[70]广州市电子政务建设现状及存在问题研究[J].杨婷，郑炯，杨鸿，江振强.电子产品可靠性与环境试验.2018(S1).

[71]人工智能技术推动普惠金融发展策略研究[J].刘秀德，江琳，温莹，曹莹，苗志刚.无线互联科技.2020(2).

[72]金融行业中人工智能的应用前景[J].周爽，刘赟.商场现代化.2020(11).

[73]人工智能发展对商业银行的影响探析[J].肖瑞.时代金融.2020(23).

[74]人工智能在金融领域的应用及监管[J].张文婷，赵大伟，丁明发.金融纵横.2020(6).

[75]人工智能与未来社会主义的可能性[J].蓝江.当代世界与社会主义.2019(6).

[76]人工智能等新技术对未来通信行业的影响分析[J].王旭东.中国新通信.2019(24).

[77]人工智能技术在应用中的安全风险与管控研究[J].朱丽芳.电信工程技术与标准化.2019(12).

[78]数字经济时代：人工智能技术特点与应用[J].赵晓芳.互联网经济.2019(11).

[79]基于人工智能技术预测正逐渐成为现实[J].郭涛.互联网天地.2020(1).

[80]新一代人工智能技术在德国工业4.0中的应用路径研究[J].孙浩林.全球科技经济瞭望.2019(7).